本书出版受天津市“十三五”土地资源管理优势特色专业建设项目资助

天津市产业结构与土地利用结构协同发展机制研究

姜仁良 著

中国城市出版社

图书在版编目（CIP）数据

天津市产业结构与土地利用结构协同发展机制研究／姜仁良著.—北京：中国城市出版社，2019.7
ISBN 978-7-5074-3082-0

Ⅰ.①天… Ⅱ.①姜… Ⅲ.①区域产业结构-产业结构优化-研究-天津 ②土地利用结构-研究-天津 Ⅳ.①F269.272.1 ②F321.1

中国版本图书馆CIP数据核字（2019）第136550号

责任编辑：陈夕涛 徐昌强 陈小娟
责任校对：王宇枢

天津市产业结构与土地利用结构协同发展机制研究
姜仁良 著
*
中国城市出版社出版、发行（北京海淀三里河路9号）
各地新华书店、建筑书店经销
北京建筑工业印刷厂制版
北京建筑工业印刷厂印刷
*
开本：787×960毫米 1/16 印张：8½ 字数：155千字
2019年9月第一版 2019年9月第一次印刷
定价：**45.00**元
ISBN 978-7-5074-3082-0
（904161）

前　言

长期以来，忽视生态环境保护的粗放式发展方式对经济社会可持续发展造成了日益严重的阻碍。产业发展盲目追求规模和经济效益，并对碳基能源过分依赖；城市扩张对土地利用需求日益攀升，使得土地利用结构极不合理。而产业发展和土地利用之间又常常各自为政，缺少协同化、同步化发展规划。事实上产业发展与土地利用之间是相互依存的发展关系：一方面，产业发展要以土地资源作为非常重要的生产要素，离开了土地资源的支撑，产业发展将是一句空话；相应地产业结构的规划与优化必须要以土地利用结构的调整为前提，并且会影响到土地利用结构的变化。另一方面，土地利用结构的调整将直接影响到产业结构的配置，也就是说可以利用土地利用结构的变化来调节、引导产业结构的优化和升级。由此可见，产业结构与土地利用结构之间存在着不可分割的协同发展关系。正确处理好产业结构与土地利用结构之间的协同发展关系，是当前加强生态文明建设、构建可持续发展的和谐社会的重要内容，这既有利于避免产业发展对土地资源的无序利用，也有利于强化土地资源参与产业布局和结构调整。

产业结构优化与土地利用结构调整是相互交织在一起的，是一个问题的两个不同的关注内容，决不能将二者无端地割裂开来分别进行调整、优化，即产业结构优化与土地利用结构调整之间存在着相互促进、相互制约的互动关联关系。只有平衡好二者之间的协同发展关系，将二者作为一个发展的系统进行统筹管理，才能为经济社会可持续发展奠定坚实的发展基础。本书综合运用了产业结构演进理论、产业布局理论、区位理论、土地报酬递增和递减理论、结构功能理论等相关理念，采取规范研究和实证研究相结合、系统分析与比较研究相结合、定量分析与定性分析相结合的研究方法，取得以下研究成果：

第一，对天津市产业结构的现状与特征进行了具体分析，系统总结了 2016 年天津市产业发展总体状况，并分析了 2013 年至 2016 年天津市产业结构的动态变化，概括了天津市三次产业内部结构的演变特点；深入阐述了天津市产业发展的优势、劣势、机会、威胁；从财政政策、税收政策、信贷政策、产业政策、消费政策、投融资政策等方面提出天津市产业结构优化的具体政策，并从政府政策引领、产业技术自主创新、产业绿色转型、产业投资环境、产业合作联盟、产业园区建设和政府体制机制创新等方面提出推进天津市产业结构优化的具体方法；对天津市产业发展趋势进行了研判，并对天津市产业发展应处理好的四对关系进行了深入阐释。

第二，对天津市土地利用现状与特征进行了具体分析，系统分析了 2016 年天津市土地利用现状，并具体分析了 2013 年到 2016 年天津市各类型土地资源利用结构以及 2013 至 2016 年天津市土地利用动态变化情况，概括了天津市土地利用结构演变特点；深入阐述了天津市土地利用的优势、劣势、机会、威胁；从财政政策、税收政策、信贷政策、投融资政策、产业用地政策、土地价格政策等方面提出天津市优化土地利用结构的具体政策，并从土地利用规划、土地流转、土地储备、土地整治、土地空间立体化利用、土地利用方式创新等方面提出天津市优化土地利用结构的具体方法；对天津市土地利用发展趋势进行了研判，并对天津市土地利用中应处理好的四对关系进行了深入解读。

第三，应用多元线性回归分析方法实证研究了天津市产业结构与土地利用结构关系，具体研究了第一产业与土地利用之间的定量关系以及第二产业、第三产业与土地利用之间的定量关系，研究认为通过产业发展与土地利用之间存在着紧密的关联关系，只有处理好二者之间的关系，才能实现二者之间的相互促进、协同发展，并且在一定区域范围内，土地可利用面积虽然是固定的，但土地利用类型面积的变化必然影响到产业布局调整以及产业产值的变化，而产业结构的进一步调整，也相应地促进土地利用结构的变化。因此，协调好产业结构与土地利用结构的关系是优化区域经济、增强经济社会发展能力的重要内容。

第四，从确立协同发展的政策引导机制，建立协同发展的动力机制，构建协同发展的信息共享与协调机制，健全协同发展的生态安全预警与防范机制，强化协同发展的政府主导、多元参与的共治机制，构建协同发展的合作共赢与激励机制等六个方面深入透视了天津市产业结构与土地利用结构协同发展的机制构建。

第五，坚持生态优先的发展理念是推进协同发展的主线，做好协同发展规划是推进协同发展的先导，创新协同融合发展模式是推进协同发展的有效手段，协同发展的政策协同支持是推进协同发展的根本保障，持续的科技创新是推进协同发展的不竭动力，加强人才的引进与培养是推进协同发展的重要支撑等六个方面提出推进天津市产业结构与土地利用结构协同发展的对策建议。

本书是天津商业大学土地资源管理专业孙钰教授主持的天津市“十三五”土

地资源管理优势特色专业建设项目的主要研究成果之一。这项成果主要是围绕“产业结构优化”与“土地结构调整”的相互协同发展为主线开展研究，取得了一些具有较高价值的研究成果。本书的研究对于在优化产业结构的同时提升土地资源的集约利用效益以及在合理配置利用土地资源的基础上进一步引导产业结构的有序调整具有重要的理论指导价值和现实意义。

目　录

第一章　绪　　论

一、研究目的和意义

（一）研究目的

本书研究以产业结构优化和土地利用结构合理调整的相关理论为基础，构建产业结构与土地利用结构协同发展的具体机制。本书通过研究主要达到以下研究目的：

第一，通过对产业结构与土地利用结构协同互动发展关系系统研究，进一步增强对大力优化产业结构重要性的认识，认清土地利用结构对产业结构优化的内在驱动作用，明晰和理顺产业结构优化与土地利用结构合理调整之间的内在联系。

第二，产业结构优化以及土地利用结构合理规划中都面临一些积极条件和制约因素，当前最关键的任务是如何不断推进产业结构与土地利用结构协同发展以不断增强产业竞争力，使产业经济健康可持续地发展。本书研究从产业发展的重要载体——土地资源为基本出发点，强调以土地利用结构的合理布局来引导和带动产业结构的优化，克服过去因不重视土地利用结构合理调整而导致产业发展受到制约的现象发生。

第三，随着经济社会的发展，土地利用对增强产业竞争力起着越来越重要的作用。本书研究明确基于产业结构优化的土地利用具体方式，有助于在经济增长的过程中坚持走资源节约、产业生态化发展的道路，不断提升产业发展的经济效益、生态效益和社会效益。

（二）研究的意义

目前产业结构优化与土地利用结构合理规划是理论界、实践界关注的前沿和热点问题，它们之间存在着密切的关联，但两者的研究如何实现和谐交融是研究中的难点。本书研究针对以产业结构与土地利用结构协同发展进行系统理论分析，具有实际指导意义和研究的必要性。

第一，将土地利用理论引入促进产业结构优化的研究领域，基于土地利用结构合理调整深入探讨增强产业竞争优势的理论及应用问题，进一步延伸和深化了土地利用的应用领域；针对以产业结构与土地利用结构协同发展的具体机制等若干重要问题展开实质性研究工作，建立产业结构与土地利用结构相关理论研究体系，完善其理论与方法，为产业结构与土地利用结构协同发展、推进产业可持续发展提供重要的参考依据和理论支持。

第二，从动态和互动角度，揭示产业结构与土地利用结构协同互动发展关系，对二者的关联进行综合研究，探寻其结合处，研究其关联理论。为此，一方面分析土地利用结构合理调整对产业结构优化具有创新的驱动作用；另一方面，把产业结构优化的相关内容引入土地利用管理中，进一步明确产业发展的基本方向。研究产业结构优化、土地利用结构合理调整及其相互作用规律的意义，在于为优化改进产业发展质量、增强产业竞争优势制定相关政策与措施提供理论依据，揭示产业结构与土地利用结构协同发展对于推动产业健康发展的效果和作用。

第三，当前，社会经济正处于快速发展的阶段，产业能否健康发展是社会经济发展中的一个重要命题。研究产业结构与土地利用结构之间的关系，明确产业结构与土地利用结构协同发展的重要理论和方法体系，为各级政府和部门制定恰当的产业发展政策和措施提供决策依据，为产业健康发展提供理论指导和决策分析工具，进而说明构建产业结构与土地利用结构协同发展机制具有重要的实践意义。

二、国内外研究现状与评价综述

（一）关于产业结构优化的研究

产业结构优化是一个动态的过程，通过各产业的不断调整，促使经济协调发展，以达到一种高效率、资源配置合理的状态①。国外学者对于产业结构优化的研究起步较早，且以理论研究居多，基本形成比较成熟完善的理论体系。Kaname Akamatsu（赤松要，1932）根据产品生命周期理论提出产业结构的“雁型演化模式”②。S. Kuznets（西蒙·库兹涅茨，1971）通过对大量历史统计资料的整理和比较，提出著名的“库兹涅茨人均收入影响论”，即产业结构的发展状态受人均国民收入变动的影响，人均国民收入是产业结构变动的原因③。Porter（波特，1990）把产业结构的优化升级视为一个动态过程，认为充分利用依赖资源禀赋优势来集

① 熊兴，余兴厚，陈伟．供给侧改革与我国产业结构优化研究——基于1993—2014年省级面板数据的实证分析[J].科技管理研究，2016（24）：62-68.

② 王乐平．Kaname Akamatsu及其经济理论[J].日本学刊，1990(3)：117-126.

③ 西蒙·库兹涅茨．各国的经济经济增长[M].北京：商务印书馆，1985：106-130.

中发展技术密集型和资本密集型产业会促使产业结构的变动[①]。David Romer（戴维·罗默，2000）认为短期的经济增长主要是由于资本、劳动等要素的增加引起的，而这些要素都是在既定的产业结构基础上进行组织生产的，因此资源的投入是影响产业结构发展的重要因素之一，有效地利用各类资源有助于产业结构的优化[②]。Azadegan A. 阿扎德甘与 Wagber S. M.（瓦伯，2011）强调，产业升级从简单的制造技术向复杂的任务逐步发展，是一个非常有效的赶超方法。同时，他们探讨了产业升级对创新绩效的影响，发现在探索创新的过程中，产业升级与创新绩效是正相关关系[③]。Eichengreen Barry（巴里·埃森格林）；Donghyun Park（东玄公园）；Kwanho Shin（申宽浩，2012）提出经济体在长期发展过程中，存在产业结构调整的产出效应的“加速”（Accelerations）和“减弱”（Collapses）过程[④]。Du Wen-zhong、Bernard Jr. Prosper、Plaisent Michel（杜文忠、伯纳德·普罗斯珀、普莱森特·米歇尔，2013）认为区域产业结构演变过程是一个受市场需求、资源潜力、技术进步、生产要素流动和政策导向等随机变量影响的过程[⑤]。Nesta L.，Vona F.，Nicolli F.（内斯塔、沃纳、尼科利，2014）利用线性模型分析了不同竞争水平下环境政策对能源技术创新的影响，研究发现在能源市场自由的国家中环境政策能够促进绿色技术创新，提升能源产业竞争力[⑥]。Desmet K.（德斯梅特）和 Rossi-Hansberg E.（罗西·汉斯伯格，2014）认为产业结构全面转换升级是在科技创新与主导产业交替作用下实现的，要素从低生产率增长部门流向高生产率增长部门，同时促进了经济增长与全要素生产率的提升[⑦]。

国内学者对于产业结构优化也进行了较为系统的研究。王刚、王海英、宋静波（2017）认为须抓住供给侧结构性改革的有利契机，促进过剩产能有效化解，优化劳动力、土地、资本、技术等要素供给，加快传统产业改造升级，构建现代

① Porter M. E.. The Competitive Advantage of Nations[M]. London: Macmillan, 1990

② David Romer.Keynesian Macroeconomics without the LM Curve[J]. NBER working paper, 2000(1): 56-97.

③ Azadegan A., Wagber S. M. Industrial upgrading, exploitative innovations and explorative innovations[J]. International Journal of Production Economics, 2011(1): 54-65.

④ Eichengreen, Barry; Donghyun Park; Kwanho Shin. When Fast-Growing Economies Slow Down: International Evidence and Implications for China [J]. Asian Economic Papers, 2012(1): 42-87.

⑤ Du Wen-zhong、Bernard Jr., Prosper、Plaisent, Michel、Ming-Hsun (James) Chiang. Study on Evolution Law and Optimization of Regional Industrial Structure Based on Theory of Stochastic Processes[J]. International Journal of Global Business, 2013(1): 91-114.

⑥ Nesta L., Vona F., Nicolli F. Environmental policies, competition and innovation in renewable energy[J]. Journal of Environmental Economics & Management, 2014(3): 396-411.

⑦ Desmet K., Rossi-Hansberg E.Spatial Development[J].American Economic Review, 2014(4): 1211-1243.

产业新体系[①]。张茗朝、姜会明（2016）指出农业产业结构优化要服从国家的战略目标，同时要兼顾三次产业融合，需要各级政府、金融机构、农业服务企业、农业科研院所、农民、合作经济组织等不同主体的参与、合作，才能最终实现[②]。胡冰（2018）运用 Granger 因果关系检验讨论科技创新对产业结构优化升级的影响，并提出以科技创新促进产业结构优化升级的政策建议[③]。赵艳、李明（2016）认为坚持循环经济发展理念是推动产业结构优化和升级的有效手段[④]。刘光忱、费腾、李子博（2014）从制约因素与利好因素两方面分析建筑产业结构优化升级的影响因素[⑤]。朱涛、刘金硕、黄恒学（2018）认为金融业一直以来都是推动我国产业结构优化发展的主要力量，产业结构优化就是社会资源优化，而金融市场是社会资源优化的核心所在，并从优化农村金融产品创新、促进金融监管创新、完善金融组织创新、加强金融制度创新、提高财政外投资比例等方面提出推进我国产业结构优化发展的对策[⑥]。曹受金、李建奇、向春阶（2014）认为绿色经济已成为全球产业结构调整不可阻挡的趋势，应通过大力发展高效节约型农业、着力提高工业经济中低碳产业比重、促进资源和能源耗费低、环境污染少的第三产业快速发展等措施促进产业结构优化[⑦]。张海星、刘德权（2011）认为财税政策作为一国政府调节产业结构的有效手段，在产业结构优化升级中扮演着重要角色，立足于我国产业结构现状与发展方向，提出促进我国产业结构优化升级的税收制度改革措施与财政支出对策[⑧]。邹璇、余苹（2018）运用博弈论方法验证财税政策对产业结构优化的作用存在最优区间，然后依次分析行业以及区域财税政策分别对产业结构优化的实际效果。研究发现：行业层面上，存在着促进行业结构优化的政府投资和产业税收最优区间；区域层面上，税收政策作用效果优于财政支出政策，且针对不同区域，税收政策对地区产业结构优化效果不一[⑨]。马秀贞（2007）认为产业结构优化升级必须以产业集群发展模式突破传统的“大而全”、“小而全”发展模

① 王刚，王海英，宋静波．供给侧结构性改革下黑龙江省产业结构优化路径与对策 [J]. 黑龙江社会科学，2017（4）：44-50.

② 张茗朝，姜会明．吉林省农业产业结构优化的困境与对策 [J]. 经济纵横，2016（7）：74-78.

③ 胡冰．基于创新驱动的河南省产业结构优化升级对策研究 [J]. 当代经济，2018（12）：89-91.

④ 赵艳，李明．基于循环经济的黑龙江省产业结构优化升级对策 [J]. 赤峰学院学报（自然科学版），2016（8）：99-100.

⑤ 刘光忱，费腾，李子博．辽宁建筑业产业结构优化升级影响因素及对策研究 [J]. 建筑经济，2014（10）：5-9.

⑥ 朱涛，刘金硕，黄恒学．推进我国产业结构优化发展的金融对策 [J]. 改革与战略，2018（3）：53-56.

⑦ 曹受金，李建奇，向春阶．绿色经济发展模式下湖南产业结构优化对策研究 [J]. 中南林业科技大学学报（社会科学版），2014（4）：5-8.

⑧ 张海星，刘德权．“十二五”时期产业结构优化升级的财政政策选择 [J]. 商业研究，2011（10）：1-7

⑨ 邹璇，余苹．财税政策的产业结构优化效应研究—基于行业与区域视角的经验分析 [J]. 哈尔滨商业大学学报（社会科学版）：2018（2）：3-17.

式。产业集群具有促进区域产业结构优化升级的内在机理，这为区域乃至国家的产业结构调整提供了制定政策的新视角①。韩永辉、黄亮雄、王贤彬（2017）结合省区面板数据，实证分析了产业政策对地方产业结构优化升级的影响程度及机制，研究发现产业政策的出台与实施显著促进了地区产业结构合理化和高度化，产业政策对产业结构优化升级的推进作用既依赖于地方市场化程度，又取决于地方政府能力②。金戈（2010）认为产业结构变迁的规律（即配第—克拉克定律）是一条客观经济规律，当政府顺应这一规律，它就能选择性地运用产业政策来干预、影响甚至主导产业结构变迁的进程和速度。在不同的经济体制和发展水平下，政府会选择不同的产业政策，进而导致四种不同类型的产业结构变迁形式③。黄志红、任国良（2014）采用灰色关联度分析法对我国污染物排放水平与三次产业的关系进行分析，发现第二产业对生态文明建设水平的影响最大，其次是第三产业和第一产业。在此基础上，分别从三次产业间比例优化和各产业内部结构优化角度，提出生态文明下我国产业结构优化对策④。熊兴、余兴厚、陈伟（2016）在对我国产业结构演进过程进行梳理的基础上，基于1993—2014年的省级面板数据，从要素供给视角分析产业结构优化的影响因素及其优化路径⑤。

（二）关于土地资源集约利用的研究

国外关于土地资源集约利用的研究历史比较悠久。18世纪，以Turgot（杜尔格）、Anderson（安特生）、West（魏斯特）和Riard（大卫·李嘉图）为代表的古典经济学家在形成地租理论的过程中提出和证明了农村土地集约利用产生了级差地租⑥。马克思在批判和继承古典经济学地租理论的基础上，将级差地租进行分级⑦，同时明确了土地集约利用的定义："在经济学上，所谓耕作集约化，无非是指资本集中在同一土地上，而不是分散在若干毗连的土地上。"⑧此后，经济学、区位理论、城市规划理论也涉及了土地集约利用研究。经济学家主要从如何经济地使

① 马秀贞．产业集群与区域产业结构优化升级关系解析和政策建议[J].现代经济探讨，2007（12）：75-78.

② 韩永辉，黄亮雄，王贤彬．产业政策推动地方产业结构升级了吗？——基于发展型地方政府的理论解释与实证检验[J].经济研究，2017（8）：33-48.

③ 金戈．产业结构变迁与产业政策选择—以东亚经济体为例[J].经济地理，2010（9）：1517-1523.

④ 黄志红，任国良．基于生态文明的我国产业结构优化研究[J].河海大学学报（哲学社会科学版），2014（4）：32-36.

⑤ 熊兴，余兴厚，陈伟．供给侧改革与我国产业结构优化研究—基于1993—2014年省级面板数据的实证分析[J].科技管理研究，2016（24）：62-68.

⑥ 吴旭晔．浙江省经济技术开发区土地资源利用管理中的政府行为研究[D].西北大学，2018：3.

⑦ 王莹，强敏．城镇化与土地集约利用耦合度研究综述[J].绿色环保建材，2017（3）：54-55.

⑧ 马克思．资本论（第三卷）[M].北京：人民出版社，1975：760.

用土地角度进行研究，反映了土地投入与产出的关系[①]。国内外学者关于土地资源集约利用的研究主要集中于土地资源集约利用评价和土地资源集约利用模式及对策研究。

土地资源集约利用评价是土地集约利用研究的核心内容。国内外学者主要围绕评价方法与模型的构建来定量评价土地集约利用状况和水平[②]。在20世纪初期，美国著名土地经济学家Richard.T.Ely（理查得·T.伊利）在其著作《土地经济学原理》一书中，阐明了人口、土地资源的稀缺性、地价等因素对城市土地资源集约利用的影响[③]。联合国粮农组织（FAO）于1972年在荷兰召开了会议，该会议成为讨论土地集约利用的标志性会议，会后发表了《土地评价纲要》，初步建立了土地可持续利用评价在社会经济与生态发展等方面的评价指标，标志着土地评价走向规范化和制度化[④]。Smith和Dennis（史密斯和丹尼斯，1987）[⑤]、Stark（斯塔克，1988）[⑥]等学者从自然因素和人为因素两个方面构建评价指标体系，开展城市土地集约利用现状评价研究。Jeffrey（杰弗里 2005）[⑦]对土地集约利用评价与模拟分析中，常用CA模型与Geomod模型的结构及其模拟精度进行对比研究。郭晨、刘强、郑兆伟等（2017）运用主成分分析法，构建了土地集约利用指标体系及模型[⑧]。袁成军、王万发（2016）从土地利用效率、规划执行情况和土地市场建设三个方面选取5个二级指标和15个三级指标建立评价指标体系，采用特尔斐法、多因素综合评价等方法确定指标权重并构建土地资源集约利用评价模型[⑨]。虎陈霞、郭旭东、连纲（2010）运用模糊评价法和因子分析法，对四川省葛仙山镇20个行政村土地资源集约利用水平进行评价，并对影响因素进行因子分析[⑩]。

---

① 孙加凤．村镇区域土地集约利用研究综述及展望[J]．安徽建筑，2014（6）：10-12.

② 王群，王万茂，金雯．中国城市土地集约利用研究中的新观点和新方法：综述与展望[J]．中国人口资源与环境，2017（5）：95-100

③ [美]理查得·T.伊利，爱德华·W.莫尔豪斯著，腾维藻译．土地经济学原理[M]．北京：商务印书馆，1982：72.

④ FAO. FESLM: An international framework for evaluation sustainable land management[R]. Rom a: FAO, 1993.

⑤ Smith N., Dennis W.. The restructuring of geograical scale: coalescence and fragmentation of the northern coreregion[J]. Economic geography, 1987, 63: 160-182.

⑥ Stark R.. A hidden treasure map: highest and best use analysis[J]. ASA valuation, 1988(33): 24-29.

⑦ Jeffrey M.. Comparison of the structure and accuraey of two land change models[J]. International joural of geographical information science, 2005(2): 243-265.

⑧ 郭晨，刘强，郑兆伟，等．城市化发展中土地资源集约利用分析——以山东省济南市为例[J]．山东国土资源，2017（10）：93-96.

⑨ 袁成军，王万发．贵州县域土地资源集约利用发展探索——以贵州南明区为例[J]．天津农业科学，2016（11）：80-84.

⑩ 虎陈霞，郭旭东，连纲．村镇土地资源集约利用评价与影响因素分析——以四川省葛仙山镇为例[J]．生态环境学报，2010（12）：2881-2886.

国内外学者在土地资源集约利用模式方面研究成果颇丰。Ralf Vogelsang、Karl Peter Wendt（拉尔夫·沃格尔森、卡尔·彼得·温特，2018）研究了埃塞俄比亚达莫塔山西南部区域的土地利用模式①。López-Angarita Juliana、Tilley Alexander、Hawkins Julie P（洛佩兹·安加里塔、朱利安娜、蒂利·亚历山大、霍金斯·朱莉，2018）研究了东热带太平洋红树林保护区的土地利用模式②。Dias LC、Pimenta FM、Santos AB（迪亚斯、皮门塔、桑托斯，2016）等研究了巴西农业的土地利用、扩大和集约化模式③。李斌、石永明、赵伟（2019）提出了重点生态功能区"点上开发，面上保护"土地利用模式④。于长明、郝石盟（2017）提出基于城市设计与风景园林相融合的可持续土地利用模式⑤。唐亚明（2016）提出我国在城镇化过程中应尽量避免低密度分散型的土地利用模式，而应采用紧凑型的城镇空间格局、高密度集约化的土地利用模式⑥。王月基、黄鹊（2013）基于主体功能区划的视角提出从区域统筹、城乡统筹和集约利用统筹这三个方面构建土地的可持续利用模式⑦。任平、周介铭、杨存建（2010）以城乡建设用地增减挂钩为视角，提出了农村土地资源集约利用及空间配置模式⑧。

关于土地资源集约利用对策研究，美国和日本采取管制与规划为主导，制止土地资源的掠夺式开发利用，实现土地资源的充分和集约利用。英国采取以公众参与为保障的土地利用机制，避免城市的任意蔓延和过度扩张⑨。新加坡探索出了一条在有限的资源约束下可持续发展的土地资源集约利用新举措：在住宅用地方面合理推行组屋政策；在商业用地方面适应知识经济发展；在工业用地方面优化年租制政策等⑩。孙伟忠、刘洋（2017）提出从科学合理进行土地利用规划的管理、

① Ralf Vogelsang，Karl Peter Wendt. Reconstructing prehistoric settlement models and land use patterns on Mt. Damota/SW Ethiopia[J]. Quaternary International, 2018(8): 140-149.

② López-Angarita, Juliana, Tilley, Alexander，Hawkins, Julie P., etc. Land use patterns and influences of protected areas on mangroves of the eastern tropical Pacific[J]. Biological Conservation, 2018(8): 82-91.

③ Dias LC; Pimenta FM; Santos AB, etc. Patterns of land use, extensification, and intensification of Brazilian agriculture[J]. Global Change Biology, 2016(8): 2887-2903.

④ 李斌，石永明，赵伟 . 重点生态功能区"点上开发、面上保护"土地利用模式探讨 [J]. 重庆工商大学学报（社会科学版），2019（1）：49-53.

⑤ 于长明，郝石盟 . 基于城市设计与风景园林相融合的可持续土地利用模式研究 [J]. 风景园林，2017（4）：14-20.

⑥ 唐亚明 . 从全球视角看城镇化进程中的土地利用模式 [J]. 中国土地，2016（1）：47-48.

⑦ 王月基，黄鹊 . 基于主体功能区划视角的区域土地利用模式研究 [J]. 广东土地科 学，2013（5）：29-33.

⑧ 任平，周介铭，杨存建 . 农村土地资源集约利用及空间配置模式探讨——基于城乡建设用地增减挂钩视角 [J]. 河南农业科学，2010（8）：55-58.

⑨ 杨丽 . 国外土地集约利用经验的当代价值 [J]. 牡丹江大学学报 2016（1）：5-6.

⑩ 黎孔清，陈银蓉 . 新加坡城市土地集约利用及其启示 [J]. 铜业工程，2010（4）：81-87.

运用经济手段促进土地资源集约利用、建立提高土地资源集约利用的激励约束机制等方面加强土地资源集约利用①。周丽晓，陈华飞（2017）研究了大城市土地资源集约利用阶段识别及对策②。李治国（2015）在分析了我国城市土地资源利用存在相关问题的基础上提出了提高城市土地资源集约利用行之有效的对策③。罗迈、张路（2014）提出从行政制度管理、市场机制完善、土地政策优化、产业结构调整等方面提高土地资源集约利用效率④。彭光细（2013）提出从限定城市边界、促进城市精明增长，严格执行城市建设用地规划，割断地方政府的土地财政等方面提升长株潭城市群建设过程中土地资源集约利用水平⑤。

（三）关于产业结构与土地利用关系的研究

产业结构与土地利用的相互关系研究最早可以追溯到德国经济学家 Johan Heinrich von Thunnen（约翰·冯·杜能，1826）的农业区位论。他的农业区位论比较系统地阐述了农业产业中土地利用与农业经济发展之间的关系⑥，成为随后学者们进行土地经济研究的理论基础⑦。德国经济学家 Alfred Weber（1909）研究各种区位因素对工业分布的吸引作用，认为集聚和分散区位因素使得工业布局在基本框架之中调整演变⑧。R.M.Haig（1927）提出城市土地价值的高低与土地区位条件有着密切的关系，构建了城市土地资源利用结构经济模型⑨。Alonso（1964）在《区位与土地利用》一书中将土地资源利用结构经济理论系统化并进一步明确土地资源利用结构经济模型的实质⑩。20 世纪 70 年代之后，随着经济社会发展，人地矛盾、资源环境问题越来越突出，许多学者结合城市化进程中的新问题，重新思考和完善，并尝试运用经济学方法、模型来研究土地资源利用和产业发展之间的相互关系，研究的模型主要有洛伦茨模型、回归模型等⑪。

刘平辉、郝晋珉、李旭霖等（2003）研究了城市边缘区土地资源利用与产业

① 孙伟忠，刘洋．探析促进煤炭城市土地集约利用的对策措施 [J]. 黑龙江科学，2017（14）：56-57.

② 周丽晓，陈华飞．大城市土地集约利用发展阶段识别及对策——兼议武汉市的实践与对策 [J]. 中国土地，40-42.

③ 李治国．我国城市土地集约利用对策思考 [J]. 西部资源，2015（5）：30，37.

④ 罗迈，张路．湖北省土地资源集约利用效率评价与提升研究 [J]. 中国房地产，2014（10）：41-47.

⑤ 彭光细．长株潭城市群建设过程中土地资源集约利用初探 [J]. 湖南行政学院学报（双月刊），2013（3）：57-60.

⑥ 张勇．隆昌市产业结构对土地利用结构的驱动效应研究 [D] 西南大学，2017：10-12.

⑦ 约翰·冯·杜能．孤立国同农业和国民经济的关系 [M]. 北京：商务印书馆，1986.

⑧ 韦伯．工业区位论 [M]. 北京：商务印书馆，1997.

⑨ 贾凡．山西省高校园区对晋中市产业结构和生态环境的影响研究——基于土地利用结构的变化 [D]. 山西农业大学，2015：4-8.

⑩ 刘阳．武汉城市圈土地利用结构与产业结构关系分析 [J]. 华中农业大学，2010：3-5.

⑪ 塔娜．新常态下扎赉特旗土地利用结构与产业结构相互关系研究 [D]. 内蒙古师范大学，2017：2-4.

结构变化的关系[①]。任艳敏、张加恭（2007）以广州市为例提出促进产业结构优化和土地资源合理配置的对策建议[②]。秦毓军、胡宝清（2011）认为产业结构优化与土地资源利用结构调整之间相互制约，相辅相成，土地资源利用结构随着产业结构的变化而变化，土地资源的优化配置为产业结构优化提供了物质基础[③]。焦磊（2019）从土地需求内在原因、土地使用情况的经济原因、新兴工业对城市土地资源利用的结构变化等方面深入解读了城市产业结构与土地资源利用之间的关系[④]。李勇刚、罗海艳（2017）基于土地资源配置视角，采用两步系统GMM估计法对中国2003—2014年35个大中城市的面板数据进行实证分析，以考察土地资源错配对产业结构升级的影响[⑤]。何好俊、彭冲（2017）利用非径向方向距离函数（NDDF）和面板向量自回归模型（PVAR）揭示城市产业结构变迁与土地资源利用效率的交互影响[⑥]。周营、张游（2018）采用信息熵及耦合协调评价相结合的方法，对博罗县2009—2016年土地资源利用结构、产业结构变化特征及两者的耦合协调关系进行分析[⑦]。

（四）文献研究评述

通过对上述文献的回顾梳理可以看出，国内外学者对于产业结构优化的方法和措施、土地资源集约利用评价以及土地资源集约利用模式及对策研究等方面已取得了较丰富的成果，在产业结构与土地利用关系的研究方面也开展了一定的研究，这对于进一步调整产业布局、提高土地集约利用效率具有一定的借鉴价值，但就以上研究成果的内容和方法上来看仍存在以下不足，即产业结构与土地利用关系研究主要侧重于单一产业与用地之间的关系，且两者之间关系的互动性研究还不够深入和全面，并以定性研究为主；通过一定的计量方法对三次产业结构优化及土地资源集约利用协同推进的实证研究成果较少且不够深入[⑧]；鲜有文献研究产业结构优化与土地资源集约利用协同发展的具体机制，更少有文献研究产业结构与土地利用结构协同推进的对策措施，导致已有研究成果的应用价值有限，有

① 刘平辉，郝晋珉，李旭霖等．研究海淀区产业结构变化对土地资源利用的影响[J].华东地质学院学报，2003（1）：5-9.

② 任艳敏，张加恭．广州产业结构优化与城市土地资源配置研究[J].广东土地科学，2007（2）：40-44.

③ 秦毓军，胡宝清．广西产业结构优化与土地资源配置研究[J].市场论坛，2011（9）：11-14.

④ 焦磊．解读城市产业结构与土地资源利用关系[J].智库时代，2019（1）：45-46.

⑤ 李勇刚，罗海艳．土地资源错配阻碍了产业结构升级吗？——来自中国35个大中城市的经验证据[J].财经研究，2017（9）：110-121.

⑥ 何好俊，彭冲．城市产业结构与土地利用效率的时空演变及交互影响[J].地理研究，2017（7）：1271-1282.

⑦ 周营，张游．博罗县土地利用结构与产业结构耦合协调关系[J].资源与产业，2018（2）：59-64.

⑧ 刘文娜．基于产业结构调整的皖江城市带土地利用分区研究[D].安徽师范大学，2012：3-7.

待进一步研究。

三、本书研究相对于已有研究的独到学术价值和应用价值

第一，进一步优化产业结构、合理利用土地资源是国家“十三五”规划中的重要内容。产业结构优化与土地利用结构之间存在密切的互动影响关联关系。本书应用实证研究论证说明产业结构优化与土地利用结构相互影响的关系，旨在揭示城市化发展新形势下产业结构与土地利用结构协同发展的内在规律，为政府相关部门制定促进产业结构优化和合理规划土地利用结构提供科学、可操作的依据。

第二，本书研究深入挖掘产业结构与土地利用结构之间的关系系统，明确天津市产业结构与土地利用结构协同发展的政策措施方法，对于保障区域产业结构优化的土地资源供给保障机制、完善土地资源可持续发展的产业效益评价体系具有较高的应用价值，为天津市产业健康发展提供理论指导和决策分析工具。

第三，通过本书研究构建推进产业结构与土地利用结构协同发展的机制，有助于在产业转型过程中树立正确的生态观、发展观，提升产业发展的土地利用效益具有重要的现实意义，为政府相关部门协调处理产业结构优化与土地利用过程中的矛盾具有很好的理论指导价值和借鉴意义。

四、研究目标、研究内容框架

（一）研究目标

本书研究的目标是从产业结构优化的具体要求和土地利用结构合理调整的实质出发，结合当前我国“生态文明”建设的构想、明确天津市产业结构与土地利用结构发展中面临的制约因素以及产业结构与土地利用结构协同发展的内在关系，系统深入地分析天津市产业结构优化与土地利用结构调整的方法，最后构建产业结构优化与土地资源集约利用协同发展的具体机制及其政策。

（二）研究内容框架

第一章：绪论。主要系统概括和阐述本书研究的目的和意义、国内外研究现状；本书研究相对于已有研究的独到学术价值和应用价值、研究的重点和难点；本书的研究思路和研究方法以及研究的创新点。

第二章：产业结构与土地利用结构协同发展的理论基础。界定产业结构与土地利用结构协同发展的相关概念；系统梳理产业结构与土地利用结构协同发展的相关理论。

第三章：天津市产业结构发展现状及发展趋势研判。概括天津市产业结构的

现状与特征；深入分析天津市产业发展的 SWOT；论述天津市产业结构优化的政策及方法；天津市产业发展的趋势研判及理性思考。

第四章：天津市土地利用结构现状及发展趋势研判。概括天津市土地利用现状与特征；深入分析天津市土地利用的 SWOT；论述天津市优化土地利用结构的政策及方法；天津市土地利用趋势研判及理性思考。

第五章：天津市产业结构与土地利用结构关系的实证研究。应用多元线性回归分析方法实证研究了天津市产业结构与土地利用结构关系，具体研究了第一产业与土地利用之间的定量关系以及第二产业、第三产业与土地利用之间的定量关系。从产业结构优化过程中对土地利用结构的内在要求、土地利用结构合理调整促进产业结构优化的过程两方面揭示产业结构与土地利用结构之间的协同互动发展关系，为后续章节研究奠定坚实的基础。

第六章：天津市产业结构与土地利用结构协同发展机制构建。依据上述研究基础，结合天津市发展实际，提出天津市产业结构与土地利用结构协同发展的具体机制。

第七章：推进天津市产业结构与土地利用结构协同发展的对策建议。结合天津市产业结构现状、发展趋势以及土地利用结构实际情况，并结合上述研究结论提出天津市产业结构与土地利用结构协同发展的具体措施。

五、研究思路和研究方法

（一）研究思路

本书研究将沿着“已有研究成果梳理→现实状况分析→实证研究→协同发展机制构建和对策建议”这一研究路线。首先，通过明确产业结构优化要求和土地利用结构合理调整目标，系统总结梳理已有的文献成果，明确研究问题的历史演变，从而进一步聚焦本研究的主题；其次，通过全面深入分析天津市产业结构发展现状及土地利用结构现状，并对其发展趋势做出预测，定位天津市产业结构及土地利用结构配置中影响因素；再次，在上述研究的基础上，实证研究天津市产业结构与土地利用结构互动发展关系，明晰产业结构与土地利用结构协同发展之间的定量关系；最后，结合已有理论研究成果以及天津市现实状况分析，在全面定位产业结构与土地利用结构协同发展关系的基础上，提出建立天津市产业结构与土地利用结构协同发展机制及其措施建议。从已有研究成果梳理到现实状况研究，从实证研究到协同发展机制构建，形成一个结构体系严谨的研究线路。

（二）研究方法

1. 规范研究和实证研究相结合的方法

规范研究主要表明本研究充分借鉴了产业经济学、资源经济学、土地管理学、可持续发展等成熟的研究理论；同时也广泛涉猎生态学、区域经济学、系统科学以及与本研究相关的交叉学科的现有成果，科学界定本课题研究内容的具体范畴，明确研究内容的核心要义。实证研究方法在本课题研究中主要是以天津市为例研究产业结构以及土地利用结构的发展现状以及面临的优势、劣势、机会、威胁以及产业结构与土地利用结构协同发展关系的定量评价等。实证研究为理论分析提供了现实依据。

2. 系统分析与比较研究相结合的方法

产业结构与土地利用结构协同发展受到多种因素的影响，反映了本书研究必须站在整体的视角来综合考察研究的内容，也就是说必须将产业结构与土地利用结构协同发展的研究置于区域发展系统中进行综合全面的考察，而且还要考察产业系统、土地系统等各自的子系统内部之间以及产地系统整体之间的复杂联系。因此，本书研究需要从系统论的角度研究产业结构与土地利用结构协同发展的内在规律。同时还要通过比较研究法，既有产业结构内部、土地利用结构内部动态变化的比较，也有三次产业分别与土地利用之间关系的比较研究，为天津市推进产业结构与土地利用结构协同发展提供实践指导和启示。

3. 定量分析与定性分析相结合的方法

一方面采用定量分析的方法，需要对天津市产业结构变化、土地利用结构变化的相关数据进行统计和处理，进而发现天津市在产业结构发展中存在的问题以及土地利用结构规划中面临的制约条件，同时还以天津市为例对产业结构与土地利用结构关系进行了实证研究。另一方面，通过定性分析的方法深入分析了产业结构与土地利用结构协同互动发展关系。通过定量与定性的比较分析，寻求天津市产业结构与土地利用结构协同发展的成因机理以及基本机制链构建，并对二者协同发展措施进行具体设计。

六、创新点

第一，在研究视角上，注重产业经济学与土地资源学科的交叉与集成研究。从多学科的视角认识如何协同推进产业结构与土地利用结构协同发展问题，将土地利用的经济属性与产业发展的效益核算结合起来。

第二，揭示产业结构与土地利用结构协同发展定量关系。应用多元线性回归分析方法实证研究了天津市产业结构与土地利用结构关系，具体研究了第一产业与土地利用之间的定量关系以及第二产业、第三产业与土地利用之间的定量关系，为产业可持续发展战略的制定和土地利用规划设计奠定基础。

第三，构建天津市产业结构与土地利用结构协同发展的具体机制。结合当前我国“生态文明”建设的构想，结合产业结构与土地利用结构协同发展的内在关系特征，构建天津市产业结构与土地利用结构协同发展的具体机制，为推动产业可持续发展提供具体的操作方案。

第二章　产业结构与土地利用结构协同发展的理论基础

一、产业结构与土地利用结构协同发展的相关概念

（一）产业结构

产业结构是国民经济发展中的不可或缺的构成要素。良好的产业结构既是国民经济合理布局的基本表现形式，也是促进经济持续健康发展的重要基石。所谓产业结构就是指一个地区中各产业在整个国民经济中所占比例以及它们之间的相互影响、相互促进的关系。站在产业的视角可以将国民经济活动界定为三个领域，分别为第一产业即农业、第二产业即工业和第三产业即现代服务业，当然每个领域内又可细分为若干个子领域，因此，可以认为，产业结构是一个包含内容丰富的庞大的结构系统，该结构系统内又包括若干子系统，各子系统的结构比例及配置方式构成一个有机整体。由此可见，对于产业结构的理解可以从两个方面来深入解读，一方面，产业结构揭示了各产业在国民经济发展中的地位及变动状态，一定时期内哪些产业是主导产业，哪些产业是重点产业，哪些产业是战略产业等，从而判定这些产业在国民经济发展中的不可替代性以及经济效益和结构效益；另一方面，产业结构也明示了一定时期内各产业之间的相互联系及数量特征。各产业中生产要素的供给和配置能力将直接影响到该产业的发展，但各产业在地区经济发展中的布局是否合理将直接反映该地区的经济发展状态以及是否具有持续发展的后劲。因此，世界各国和地区政府都非常重视如何不断优化该区域产业结构，以产业结构的不断优化为基础来持续推动国家经济的良性发展。

产业结构作为一个系统，需要不断地与外部环境进行能量、信息、技术、人才等方面的互动交流，只有不断地从外部环境输入产业自身发展所需要的物质等内容，才能更好地促使产业的良性、可持续发展，才能不断优化产业结构，才能促使产业结构更好地适应地区经济发展的需要。实际上，产业结构的布局与发展离不开外界的支持与配合，可以说外部环境对产业结构能否优化具有十分重要的影响，具体来说，外部的政府政策、土地和生态等自然资源禀赋、技术创新能力

等都会对产业结构的优化升级产生直接的作用。产业结构的发展也必须与外部环境通过相互作用、相互影响最终达到相互协同的状态，这才是产业结构优化与调整的实质内容。事实上，在经济社会发展中，产业结构内部存在着资源配置中各生产要素之间的竞争，通过适度竞争和优化组合促使产业结构内部的均衡发展，但内部的均衡发展不能脱离外部环境的影响，即产业结构内部的调整、优化、升级必须与外部的资源实现协同才能更好地促进区域经济的协调发展。因此，将产业结构的研究与分析放在经济社会大环境中进行考察意义重大，这既是促进产业结构合理化的需要，更是关系经济社会能否可持续发展的战略核心问题。综上所述，产业结构的不协调、不平衡既是产业结构内部发展中存在的问题，也是产业结构与外部能否协同发展中面临的重要大问题，只有将这两方面的问题同时解决好，才能真正实现产业结构的优化，并成为促进经济健康发展的原动力之一。

（二）土地利用结构

土地利用是地区经济活动、社会服务、文化建设、生态文明等活动在空间格局演化过程中的具体表征。土地利用通常可以细分为以下几个方面：工业用地、农业用地、生态用地、交通用地、住宅用地等。用地类型的划分表明了不同类型土地在一定时期一定区域的用地价值以及所需要承载的具体功能，在一个区域内部，不同类型土地所占用的比例即形成土地利用结构。一定区域内的经济社会发展活动需要对其所依赖的土地利用类型进行合理划分，这是推进经济社会和谐有序发展的基本前提。因此，可以认为土地利用结构的形成是经济社会发展与土地资源利用相结合的产物，是经济社会发展各项活动在土地空间上分配的结果。土地利用结构可以从两个方面来进行研究和分析，一方面土地利用结构是一种静态的结果，即经济社会发展活动对各种类型土地所占有使用的比例分配；另一方面土地利用结构是一个会随着经济社会发展活动进行变化、调整的结果，它将是一个动态演变的结果，而不是一锤定音，因此，我们在对土地利用结构进行分析时要从静态和动态两个角度来进行分析判断，只有这样才能弄清土地利用结构对于地区经济社会发展活动的意义，同时土地利用结构的合理化程度也是地区经济建设成果、生态文明建设成效的重要体现。实际上，根据“结构决定功能”的理论，可以发现土地利用结构的有效划分是地区经济社会可持续发展的关键指标之一。

随着经济社会的快速发展以及用土需求的日益增长，土地利用结构的进一步优化显得更加重要。但是，土地资源是有限的资源，而地区经济社会发展的需求是不断增长的，为此，在提高土地资源利用率的基础上合理划分土地利用的类型、优化土地利用布局将决定土地利用的经济、社会和生态效益，否则往往会引起一系列的土地利用问题，进而影响到经济社会可持续发展。因此，不断优化土地利用结构是发挥土地资源功能及实现供给侧结构性改革和满足经济社会发展需要的必要内容。所谓土地利用结构的优化就是指要把土地利用的类型与经济社会发展活动实现有机的组合，使得各种类型的土地既能最大化地发挥其功能和价值，又能最高效地满足人类经济社会活动所需要的综合效益，进而为推进地区协调发展贡献力量。由于土地资源还具有位置的不可移动性、禀赋的优劣性等特征，土地利用结构优化不仅必要而且重要，对土地利用进行优化的根本目的就是在土地负荷能力范围内最大限度地利用有限的土资源，最大程度地发挥各类型土地的功能并且与现有的其他资源实现密切协作。事实上，土地利用结构的优化离不开其他经济资源的配合，当整个经济社会发展系统中的有关生产要素出现变化时，土地利用结构的优化方法、路径也要相应的调整，因此，土地利用结构的优化并不是一蹴而就的，而是一个持续的不间断的社会过程。

（三）产业结构与土地利用结构协同发展

开展产业结构与土地利用结构协同发展的研究是提升土地资源集约利用率、优化产业结构以及实现产业发展与土地利用有效联动的根本要求和重要步骤，也是推进供给侧结构性改革的必然手段。在当前全球气候变暖、生态环境面临着日益严峻的现实情境下，在进一步加快产业的转型升级和调整的前提下，如何解决土地的供需矛盾，如何更好地实现产业结构的优化升级与土地利用结构的调整互动协调发展非常必要。所谓产业结构与土地利用结构协同发展是指在产业调整及土地利用类型变化的过程中，二者间能够做到信息的及时沟通反馈，并且在不影响自身发展的前提下，为对方提升最大限度的支持，实现双方在发展模式、机制、标准等方面的步调一致，构建双方相互促进、相互依存的统一体关系。产业结构与土地利用结构的协同发展是建立在双方一种作用与反馈、依存与制约的关系下同步优化与协调共进的发展。土地利用结构将决定产业结构的具体表现形式及需求，产业结构的优化与调整又反过来影响土地利用的类型和强度，二者的协同是在不断解决相互矛盾、相互制约基础上实现系统功能的最优化，当然这种最优化也是相对的，是随着经济社会发展的程度、阶段、内容的需要所形成的暂时的协同机制。

产业结构与土地利用结构之间存在着复杂、密切的联动关系。根据现有的理论与经验可以很清晰的判断出二者的关联互动关系，即土地利用结构的变化是产业结构调整的前提，而产业结构的进一步优化将会促进土地利用结构的完善。一方面，土地是产业的载体，土地利用类型的调整势必引起产业结构的变化；另一方面，随着技术革新的力度进一步加大以及人类消费结构的变化，必然引起产业结构的大调整，这种调整将对土地利用结构的变化提出新的要求。由上可知，不管是土地利用结构的变化还是产业结构的变化，都是有外部环境的新需要对它们提出变化的诉求，而这种变化的诉求是基于当时的社会条件、经济发展阶段而提出，为使双方各自的变化诉求建立在同步、同方向的发展路径上，建立产业结构与土地利用结构协同发展的机制非常迫切，这是避免产业结构和土地利用结构各自为政的先决条件。产业结构与土地利用结构协同发展机制的构建将有力地确立双方在发展空间、效益、功能、动力机制、优化标准上的联动，建立双方结构优化系统的合力，最终推动经济社会和谐健康可持续发展。因此，做好产业结构与土地利用结构的协同发展是提升土地利用绩效，进而不断完善产业发展模式的需要，通过二者在动态变化中的相互适应、相互改进、相互优化，可以实现产业与土地系统的良性组合及协调发展。

二、产业结构与土地利用结构协同发展的相关理论

（一）产业结构演进理论

人类社会的发展与进步，必然伴随着产业结构的变化，也就是说围绕人类社会的深度发展引起产业部门的建立、演进、变迁。这既是人类社会生产力和生产关系发展的需要，也是科技创新和人类日益增长的物质需求驱动的结果。产业结构演进的一般规律显示，社会需求是推动产业结构调整的基本力量，当社会需要明显高于生产力的供给，必然促使产业技术创新，推动产业结构的量变和质变。从量的角度分析，产业结构演进是各产业占社会体系中的比重的变化；从质的角度分析，产业结构演进是各产业价值创造及服务人类社会需求地位的变化。实践证明，产业结构演进是在社会进步中需求推动下的循序渐近式的前进，离不开市场机制和政府政策保障。特别是产业结构演进过程中，必然涉及新旧动能转换，有些过时的、落后的产业会被淘汰，有些符合市场社会需求的产业会兴起，这些既需要市场力量的推动，也需要政府的宏观规制引领。产业结构调整需要经历漫长的发展过程，要结合产业发展中面临的环境条件及相关政策做出相应地、及时地优化①。产业结构本身是一个复杂、动态的运行系统，产业结构演进必然引起各生产要素、生产关系、利益的再调整，只有处理好这些交织的，内部、外部的错综复杂的关系，才能为产业结构的调整、更新创造有利条件，在此过程中既要审

① 谢天成，周谷旸．首都功能变迁下的产业结构演进与展望 [J]. 华北电力大学学报（社会科学版），2016（1）：82-88.

时度势明确产业结构演进的目标，建立与之配套的产业结构演进机制，更要把握好产业结构演进的时机和条件，最终实现产业结构优化配置及顺利演进。

产业结构演进理论对于本研究具有十分重要的价值。产业结构演进与土地利用结构优化之间密切关联。产业结构演进对于土地结构优化具有明显的影响。这主要体现在产业结构的不断优化以及产业发展中科技创新能力的提高，以知识、技术为基础的产业比重在不断扩大，进而对土地资源利用模式提出更高要求，推动土地资源由原有的粗放式经营转向为集约式利用，增加了技术、资本等要素在产业价值创造中的贡献比例，进一步提升了单位土地资源的配置效率和输出效率，形成对土地结构优化调整的诱导机制。产业结构演进理论对于如何化解经济社会发展中的产业结构失衡、产业转换无序、产业结构演进内外机制选择不当等问题具有重要的指导价值。在当前经济快速发展的过程中，产业结构调整势在必行，既要赋予市场配置资源的决定性能力，还要充分考虑资源包括土地资源的承载能力和现实禀赋等，这要充分尊重产业结构演进的一般规律，深刻理解产业结构演进的实现路径，避免产业结构调整中盲目发展、无序发展的现象；同时还要认识到产业结构演进的长期性，在演进发展中要做好跟踪、监测、评价、反馈，扫除产业结构调整中可能遇到的各种障碍。产业结构演进的一般规律告诉我们，在实施产业结构调整时，还要优先发展已经处于主导地位的产业以及具有基础性、战略性的产业，注重提升产业结构演进所衍生的附加值。

（二）产业布局理论

产业布局是指产业组织在空间形态上相互组合而形成的产业分布区位。充分把握产业布局理论对于合理重组产业分布生态、引导产业在区域空间的适时集中与分布非常重要。产业布局是一个宏观的概念，涉及区域众多的行业、资源、政策等，并且这些因素之间又具有错综复杂的关系，需要将这些因素综合起来进行统筹考虑①。产业布局理论特别强调产业形态的空间分布特征，结合区域经济社会特点选择适合的产业布局模式是关键。一般来说，促使产业布局格局变化的动力机制主要是集聚机制和扩散机制。所谓产业集聚机制是指生产要素资源在地理空间上向优势明显的区域汇集的过程；所谓产业扩散机制是指生产要素资源在地理空间上不同区域转移的过程。集聚与扩散机制是一对矛盾统一体，二者共同构成产业布局的推动力量。通常情况下，在产业布局的起始阶段，集聚力大于扩散力；而产业布局在处于成长阶段时，集聚力会根据产业发展需求进行适度的降低，

① 李君华，周浪．产业布局理论的研究方法 [J]. 湖北经济学院学报，2017（2）：13-18.

而随着产业发展需求的多元化，扩散力则不断增强；在产业布局发展的稳定阶段，集聚力和扩散力势均力敌。由此可见，产业布局的本质特点就是经济资源在地理区位上再配置，从而实现生产要素组合优化的一种经济现象。产业的空间布局具有一定的条件性、有限性，并随着区位资源的变化而处于不断地调整之中，这种调整是使产业布局不断走向优化、实现产业效益最大化的演化过程。总之，产业分布的基本目的是通过产业在地理空间的再组合，引导有限的经济要素资源在空间的流动，促进经济社会的协调发展。

产业布局理论对于产业结构优化具有指导意义。因为产业布局是产业结构调整的空间体现，产业结构的形态必然会通过特定地理空间形式展示。产业布局是产业结构优化的基本依据，在研究产业布局时必须围绕产业和空间这两个要素，也即是在实施产业布局时通常要正确识别产业的发展阶段、现有的结构形态以及区域空间的承载力等变量，进而明晰推进产业重新整合分布的优势与不足，确定选择以点带面、点轴模式还是集群化发展等空间配置模式，最终形成不同的产业结构。由此可见，产业布局和产业结构反映的本质内容是一致的，产业的空间配置结构实际上也就是产业结构的空间架构。在产业空间组织过程中，既要获得产业布局调整所带来的综合效益最大化，还要达到推进产业可持续发展的基本要求。因此，在实施以产业空间布局为契机推动产业结构重组的过程中，首先要坚持以政策创新引领产业空间布局，构建一个良好的产业布局决策系统，为产业布局准确定位奠定一个良好的基础；其次，产业空间布局要坚持兼顾各方利益、统筹各方资源，提升资源空间配置的经济性、效率性和效益性；最后，产业布局要遵循产业市场运行的基本规律，注重区域、产业发展阶段、布局层级等差异性特征，构建产业最优布局来激发产业发展活力，寻求产业发展新的增长点。

（三）区位理论

区位选择与人类的生产生活实践紧密相连，不管是人类的生态建设、城镇化建设，还是产业实践活动等，都离不开区位分析及定位。在人类长期的社会实践过程中，形成了一套比较成熟的区位理论体系，为保障经济社会可持续发展提供理论指导。区位理论是关于指导人类经济社会活动空间布局的理论[①]。区位理论的核心焦点是探讨为什么有些生产实践活动适合在这个区域空间进行，而另一些生产实践活动只适合在其他的区域空间开展。区位理论的构建先后经历了古典区位理论阶段和现代区位理论阶段。所谓古典区位理论就是指从某一特定的经济活动

① 张亚峰．区位理论视角下河南省城镇化可持续发展实证分析 [J]. 商业时代，2014（19）：134-135.

视角来探讨经济活动效益最大化，即区位选择所带来的经济效率性。伴随着人类对经济活动内外部环境的深刻认知，在古典区位理论的基础上形成了现代区位理论。所谓现代区位理论是指从多方位、综合化视角来考察经济活动与区域空间的位置关系，特别是从产业政策、资本、技术等多因素来衡量区位选择为动态的经济活动可能带来的积极或不利影响，最终会左右人类经济活动的区位决策。从本质上来分析，区位理论就是在经济实践活动中从效益最大化的角度来选择具体的活动空间，该理论对于合理配置人类社会实践空间以及提升空间经济效率具有积极的指导意义。区位理论是区域经济领域有关空间组织优化的重要理论，已成为人类活动空间合理化利用的基本准则。

区位理论对于土地利用和产业结构优化具有重要的现实指导意义。在土地资源的合理利用方面，区位理论的指导作用体现在进行土地资源配置过程中，需要结合区位的特点开展土地的分类、定级，根据土地的差异确定土地的价值等级，进而提出适当的土地使用费用，这为科学利用土地资源提供了可行的依据，能够促进土地资源的有序流转和利用的效率；在产业结构优化方面，区位理论为产业要素的空间配置提供了基本依据。在产业结构调整中，需要充分考虑区位因素才能将各种生产要素有效组合于空间地域，实现生产要素空间配置效益的最大化。因此，区位理论的思想和方法为优化产业布局、获取经济活动的最大化成果提供了有力的支撑。同时，产业结构和土地利用结构协同发展系统本身是一个需要相互配合、相互支持的系统，区位理论为该协同发展系统的规划定位、空间发展布局、地域组合等提供重要的决策参考。总之，区位理论揭示了人类经济活动中的区位结构以及空间经济现象的活动规律，为准确把脉经济活动区位空间配置的发展、预测区位差异的利用效益及发展趋势等提供重要的依据。事实上，随着人类社会的深入发展和空间领域的进一步延伸，区位空间格局以及空间组织模式已成为影响人类经济活动的重要条件，充分发掘和利用优势的区位因子是推动经济社会快速协调发展的重要法宝。

（四）土地报酬递增和递减理论

所谓土地报酬是指土地作为人类生产劳动过程中的重要投入要素所能产生的一切有价值的回报总和。土地是人类从事社会实践活动不可或缺的重要载体，土地本身的自然禀赋高低以及对于土地开发利用的程度如何会使其释放出不一样的价值潜力。土地资源是一种有限的资源，只有对其进行集约、高效利用，才能让土地使用不断满足人类社会日益增长的需要。当然要提高土地的集约利用率，必须增加对土地资源这种生产要素的投入，即通过提升单位土地面积的投入来获得更多的单位土地面积的价值回报。这里需要明确的是单位土地面积投入的增加并不一定能带来单位土地面积价值回报的增加。实际上，在土地资源的开发利用上存在着土地报酬递增规律和土地报酬递减规律。第一，在土地资源的开发利用上，随着单位土地面积投入的增加，土地的价值回报也不断增加，即存在土地报酬递增规律。这里所指的土地报酬递增规律是指在土地利用的一定范围和条件下，人们对于单位土地面积的投入追加，能够获得单位土地面积价值回报的持续增加，也就是说在单位土地面积的开发利用没有达到它的临界值之前，单位土地面积的价值回报体现出不断增长的态势。而土地报酬递减规律是指在土地开发利用上，超过了土地资源自身的承载负荷而对其进行过度开发使用，即超越土地开发利用的临界点，将导致单位土地面积的投入的增加并不能获得单位土地面积价值回报的增加，反而是单位土地面积价值回报的持续减少。

综上可知，在土地资源的承载力范围内，对于土地资源的深度利用和开发，可以加大单位土地面积的投入比重，只要各种外部要素投入合理并且要素之间配置科学，就可以获得单位土地面积投入与单位土地面积产出的正向关系，即高投入高产出。土地报酬递增规律并不意味着投入越大产出就越高，不能无视土地资源本身的条件而盲目无限的追加投入，否则只能导致投入与产出的不对等。也就是说土地报酬递增规律的实现是有限定条件的，超过了这个限定条件，就会形成高投入低产出的关系，即导致土地报酬递减规律的出现。土地报酬递增和递减规律对于如何做好土地利用结构优化以及什么时候增加土地资源的投入等提供重要的理论指导。为此，在产业结构与土地利用结构协同推进过程中，要合理处理好规模扩张及要素投入的关系。在科学技术还不发达到的背景下，虽然也在土地资源的承载力范围内获得了高投入，但土地利用效益和效率仍然处于较低的水平，并未能获得土地报酬回报的高增长。因此，在针对土地资源的深度利用及结构配置上，既要遵循土地利用的基本规律，还要加大土地利用技术的开发创新，科学分析单位投入的边际效应，合理把握土地价值回报的临界点，为优化土地利用结构、促进土地利用方式的转变提供科学的依据。

（五）结构功能理论

结构功能理论是西方社会学中研究社会现象的重要理论①。结构功能理论是以社会学中功能主义理论为根基演变而形成的。结构功能理论的核心思想是结构是功能的基础，结构决定功能，有什么样的结构就有什么样的功能。同时功能对结

① 刘文祥，李长源．和谐社会的理论借鉴：结构功能理论和冲突理论 [J]. 湖北大学学报（哲学社会科学版），2006（1）：21-24.

构具有反作用，功能大小的发挥会通过各种方式反馈于结构，促使结构的调整，使结构要素重新组合，形成更趋合理的结构，进而形成更优的功能。当然只有具有了有序合理的结构，才能获得更加强大的功能。这里的关键是组成结构的要素及其排列组合的形式。只有构成结构的要素之间形成真正的相互补充、相互配合，才能让这些要素方向一致并形成合力，进而形成与这些要素配置所对应的功能。社会事物总是按着一定的形式存在着，并按照自身所具有的功能体系在进行持续的运转。社会事物是以某个系统为基点来运行发展的。而系统就是由若干相互区别、相互影响、相互补充的要素按照某种方式组建而成。这些一个一个要素是构成系统的元件，这些要素之间的排列组合形式是多种多样的，这些多样的组合形式构成了系统的结构，为此也就形成了系统多样性的功能。研究结构功能理论的最终目标是如何获取更优的功能，研究系统的结构只是为获得更优功能的纽带和桥梁。随着环境的变化，系统的结构需要不断地调整重组，以便让系统更好地适应环境，所以系统内部要素的组合方式及平衡状态是暂时的，它们要适应环境来做出一些调整来达到新的平衡以期获得更加协调的功能。

产业结构、土地利用结构以及两者之间的协同发展研究都离不开结构功能理论的指导。从经济发展角度来分析，产业结构以及土地利用结构都是在多种因素的作用下进行调整优化的。经济社会环境的变化改变着人们的价值理念、行为方式，而价值理念、行为方式又影响着构成结构的各种要素的排列组合形式。产业结构、土地利用结构是一个在持续发展变化的结构系统，在这种持续变化和要素整合过程中有冲突、有妥协、有回避，最终达到一个相互的平衡状态。同时，通过应用结构功能理论，可以对如何促进产业结构和土地利用结构协同发展进行分析并提出具有针对性的政策措施，例如对二者协同发展决策、发展机制、发展标准、发展模式的研究等，由此我们也可以辨别出结构功能理论研究框架的基本特征，即将产业结构和土地利用结构作为一个整体来探讨二者的协同发展，即二者所形成的协同发展系统，为适应外部环境的调整变化来寻求相应的协同方式。因此结构功能理论是研究产业结构、土地利用结构及二者协同发展的一个重要理论工具。特别是当前社会经济正处于转型调整的关系时期，如何做好供给侧结构型改革以及尽快将产业结构与土地利用结构协同发展系统构建起来为结构功能理论的应用提供了广阔的用武空间。综上可知，结构功能理论的实质就是通过系统结构的优化来促使系统功能的完善，进而推动系统的和谐运行。

第三章　天津市产业结构发展现状及发展趋势研判

一、天津市产业结构的现状与特征

（一）2016年天津市产业发展总体状况分析

2016年天津市经济发展平稳，通过出台有效的措施加大供给侧结构性改革，进一步促进了商品流通，活跃了市场，市场商品供应充足，价格总体平稳。在推进经济社会快速发展以及滨海新区开发开放向纵深方向发展的同时，第一产业特别是农业在已有基础上，通过进一步强化农业基础设施建设，以及农业科技创新，引领农业高质量发展，农业产量获得大丰收。第二产业发展取得新成效，继续做强工业并抓好相关产业的转型升级，工业结构日趋合理。第三产业发展较为迅速，产业投资增长较快，特别是批发零售、金融服务、融资租赁、楼宇经济等新兴业态发展势头良好。

1. 农业发展稳步推进，农民收入持续增长，都市型农业结构进一步优化

2016年农林牧渔业总产值494.44亿元，比2015年增长了3.3%，其中2016年农林牧渔业总产值结构如下：农业占49.4%，林业占1.7%，牧业28.5%，渔业18.0%，农林牧渔服务业占2.4%；2016年农作物总播种面积47.92万公顷，比2015年增长了2.2%，其中2016年粮食种植面积35.73万公顷，棉花种植面积1.42万公顷，油料种面积0.67万公顷，蔬菜种植面积8.32万公顷，其他农作物1.78万公顷；2016年粮食总产量196.37万吨，比2016年增长了8%，其中2016年；2016年蔬菜总产量450.26万吨，比2015年增长了2%；2016年造林面积0.93万公顷，比2015年增长了16.3%；2016年农村居民人均可支配收入20076元，人均消费性支出15912元，人均可支配收入增幅8.6%，人均消费性支出增幅8.0%。同时，按照减粮、增菜、增林果、增水产品的“一减三增”思路，发展设施农业、节水农业、绿色农业，新建农业物联网试验基地10个。宝坻、武清和蓟州区被列为国家农村产业融合发展试点示范区。重点打造蓟州乡村旅游、武清运河休闲旅游带、宝坻潮白河休闲观光廊道等，天津市全市休闲农业直接从业人员超过6.7

万人①。

2. 工业生产增长明显放缓，产业转型持续推进

2016年工业总产值29678.12亿元，其中轻工业总产值为7363.14亿元，重工业总产值为22314.98亿元，与2015年相比，分别增长了5.7%、11.5%、4.1%；按照行业来分，部分行业工业总产值在2016年出现了负增长（与2015年相比），例如：煤炭开采和洗选业比2015年降低了5.9%，石油和天然气开采业比2015年降低了16.8%，黑色金属矿采选业比2015年降低了2.4%，开采辅助活动比2015年降低了18.8，石油加工、炼焦及核燃料加工业比2015年降低了6.1%，设备制造业比2015年降低了5.1%，仪器仪表制造业比2015年降低了1.8%，废弃资源综合利用业比2015年降低了10.7%。2016年天津市优势产业企业单位数为4896个，从业人员年平均人数为1363088人，工业总产值为25978.64亿元，资产总计为22159.85亿元，流动资产合计为11364.31亿元，固定资产合计为7612.28亿元，负债合计为13570.28亿元，主营业务收入为24516.10亿元，利税总额为3080.99亿元，上述经济指标按具体行业分见表3-1：2016年天津市优势产业主要经济指标（单位为亿元）。工业发展的主动力，已经由原油与冶金等传统产业向以装备制造与消费品制造为主的制造业转变②。

2016年天津市优势产业主要经济指标（单位为亿元）　　表3-1

项目	工业总产值	资产总计	流动资产合计	固定资产合计	负债合计	主营业务收入	利税总额
电子信息产业	2073.46	1476.48	1086.65	212.94	718.01	1982.09	186.65
航空航天产业	937.16	1378.77	490.98	794.05	1086.18	904.01	67.07
机械装备产业	3074.32	2801.38	1810.38	657.36	1665.62	2981.72	264.97
汽车产业	2512.59	1632.23	1020.65	456.01	939.99	2342.8	358.11
新材料产业	2144.4	1596	809.39	558.97	795.62	2100.2	272.91
生物医药产业	1642.82	1173.76	668.84	304.06	457.35	1642.18	396.09
新能源产业	624.07	667.91	381.71	164.25	380.87	585.42	46.81
资源循环及环保产业	307.51	240.43	157.86	41.44	171.14	247	27.53
石油化工产业	2581.9	3127.26	969.71	1755.63	1923.31	2519.47	573.67
冶金产业	6002.89	5614.93	2563.4	1926.91	3975.49	5368.05	479.33
轻纺工业	4077.53	2450.7	1404.75	740.68	1456.7	3843.17	407.86

① 天津市统计局、国家统计局天津调查总队．天津统计年鉴（2017）[M].北京：中国统计出版社，2017.

② 天津市统计局、国家统计局天津调查总队．天津统计年鉴（2017）[M].北京：中国统计出版社，2017.

3. 服务业保持快速发展，支撑引领作用显著

2016年社会消费品零售总额达到5635.81亿元，比2015年增长了7.2%；2016年限额以上住宿业单位数为252个，从业人员21025人，床位数70467个，营业收入404197万元；限额以上餐饮业单位数735个，从业人员47853人，餐位数293386个，营业收入965501万元；2016年社会客运量为19930万人，比2015年增加了155万人；2016年运输线路公路通过公里为16764公里，比2015年增加了214公里；2016年民航航线里程164630公里，比2015年增加了797公里，民用航空旅客吞吐量1687.2万人，比2015年增加了255.8万人；2016年港口旅客吞吐量78.7万人次，比2015年增加了26.6万人次，港口货物吞吐量55056万吨，比2015年增加了1005万吨；2016年邮电业务总量4843667万元，比2015年增加了1625573万元，增幅达到50.5%；2016年互联网宽带接入端口724.3万个，比2015年增加了279.3万个，互联网上网人数1409.4万人，比2015年增加了204.9万人；2016年银行类金融机构3282个，比2015年增加了43个，非银行类金融机构3073个，比2015年增加了755个；2016年中外资金融机构本外币存款余额30067.03亿元，比2015年增加了1917.66亿元，个人住房贷款总额为4847.50亿元，比2015年增加了；2016年保险金额为155543.42亿元，比2015年增加了34958.57亿元，赔款及给付1776733万元，比2015年增加了381417万元；2016年租赁业企业家数为1185个，比2015年增加了488个，租赁合同金额19100亿元，比2015年增加5000亿元；2016年各级各类学校数（所）1515个，毕业生数为397071人，在校生数为1682766人，教职工数为154674人，专任教师数为122897人；2016年卫生事业机构数为5442个，比2015年增加221个，卫生机构床位数为65832个，比2015年增加2139个，卫生技术人员数为94906人，比2015年增加了4205人①。

（二）2013—2016年天津市产业结构动态变化分析

近些年来，天津市采取了一些措施来对产业结构进行调整，并取得了一些成效。通过分析2013年到2016年三次产业生产总值变化、比重以及增长率、三次产业贡献率、就业结构等指标，可以发现，天津市产业结构呈现向好的特征。

1. 各产业总值呈现第三产业比重在不断上升，第一产业和第二产业比重在不断下降的态势。

由表3-2可以看出，2013—2016年，天津市产业结构调整呈现出第三产业比

① 天津市统计局、国家统计局天津调查总队．天津统计年鉴（2017）[M].北京：中国统计出版社，2017.

重持续增长，第一产业和第二产业比重表现出下降的趋势。2013 年天津市第一产业在三次产业中的占比为 1.32%，到 2016 年第一产业在三次产业中的占比降低为 1.23%，第一产业在三次产业中占比最小；2013 年天津市第二产业在三次产业中的占比为 50.63%，从 2014 年开始直至 2016 年，第二产业在三次产业中的占比不仅低于 50%，而且呈持续降低的态势；2013 年天津市第三产业占三次产业的比重为 48.05%，到 2015 年第三产业占三次产业的比重超过 50%，并使第三产业在三次产业中的占比成为最高，2016 年达到 56.44%。

2. 各产业增长率呈现第三产业、第一产业和第二产业依次递减

由表 3-2 可以看出，在产业增长率方面，呈现第三产业的增长速度大于第一产业的增长速度，第一产业的增长速度又大于第二产业增长速度。其中第三产业的增长率自 2013 年以来始终保持在 10% 以上，并在 2016 年达到 17.03%；而第一产业和第二产业的增长率始终都在 10% 以下，并整体呈下降的态势国，并且第二产业在 2015 年和 2016 年的增长率为负值，这充分反映了第二产业正处于深度调整的时期。

天津市 2013—2016 年三次产业总量指标及增长率①　　**表 3-2**

年份	生产总值（亿元）			比重（%）			增长率（%）		
	一产	二产	三产	一产	二产	三产	一产	二产	三产
2013	188.45	7276.68	6905.03	1.32	50.63	48.05	9.82	9.20	13.97
2014	201.53	7766.08	7759.32	1.28	49.38	49.34	6.94	6.73	12.37
2015	208.82	7704.22	8625.15	1.26	46.59	52.15	3.62	− 0.80	11.16
2016	220.22	7571.35	10093.82	1.23	42.33	56.44	5.46	− 1.73	17.03

3. 各产业贡献率呈现出第一产业变化不大，第二产业贡献率（包括工业）在减弱，第三产业贡献率呈现出由降低再到升高的状况

产业贡献率指各产业增加值增量与 GDP 增量之比。由表 3-3 可以发现，第一产业贡献率在 2013—2015 年均为 0.3%；第二产业贡献率由 2013 年的 52.9% 降到 2016 年的 43.2%，其中工业贡献率从 2013 年到 2016 年呈现出不断下降的态势，并在 2016 年降到 50% 以下；第三产业由 2013 年的 46.8% 升至 2016 年的 56.4%，并在三次产业贡献率中超过 50%。

① 天津市统计局、国家统计局天津调查总队 . 天津统计年鉴（2012—2017）[M]. 北京：中国统计出版社，2012—2017.

天津市 2013—2016 年三次产业贡献率①　　表 3-3

	一产（%）	二产（%）	三产（%）	工业（%）
2013	0.3	52.9	46.8	50.8
2014	0.3	53.5	46.2	50.4
2015	0.3	53.3	46.4	50.1
2016	0.4	43.2	56.4	39.7

4. 三次产业就业结构呈现第三产业就业所占比重最高，其次分别为第二产业和第一产业

就业结构是反映产业结构状况的一个重要指标。由表 3-4 可以发现，天津市三次产业就业分析差异性较大，主要表现为第一产业就业人员人员比重最小，并呈不断下降的态势；第二产业就业人员比重也呈不断下降的态势；而第三产业就业人员比重最大，并且 2013—2016 年第三产业就业比重占比均超过 50%，并呈不断上升的趋势，这说明，近几年天津市正在着力加大产业结构调整力度，劳动力进一步向城市转移，并且由于科技创新以及产业调整步伐加快，第二产业所需劳动力人员比重也在下降，而第三产业吸纳了较多的就业人员，这也进一步说明了天津市第三产业增长迅速，产业规模以及劳动力需要量都在不断扩大。

天津市 2013—2016 年三次产业就业结构②　　表 3-4

	一产（%）	二产（%）	三产（%）
2013	8.1	41.8	50.1
2014	7.7	38.9	53.4
2015	7.4	35.7	56.9
2016	7.2	34	58.8

5. 三次产业投资结构呈现第三产业投资比重最高，其次分别为第二产业和第三产业

投资结构对于推进产业结构升级优化意义重大。从表 3-5 可以发现，天津市第三产业投资占比在三次产业中最高，2013—2016 年投资占比均超过 50%，其中

① 天津市统计局、国家统计局天津调查总队 . 天津统计年鉴（2017）[M]. 北京：中国统计出版社，2012-2017.

② 天津市统计局、国家统计局天津调查总队 . 天津统计年鉴（2014—2017）[M]. 北京：中国统计出版社，2014—2017.

在 2016 年达到 71.1%；而第二产业和第一产业投资占比呈现下降的趋势，并且第一产业在 2016 年的投资占比仅为 2%，而第二产业在 2016 年的投资占比下降到 26.9%。投资结构是优化产业结构的重要机制。表 3-5 投资结构所反映的变化，充分说明了天津市将产业发展重心转移到大力发展第三产业上，即第三产业在天津市国民经济中的地位日益重要。从第二产业的投资结构的变化，也可以发现天津市目前正在进行第二产业的转型发展、绿色发展；第一产业投资变化也说明天津市城乡差距正在进一步缩小，天津市新型城镇化建设成果显著。

天津市 2013—2016 年三次产业投资结构① **表 3-5**

	一产（%）	二产（%）	三产（%）
2013	8.1	41.8	50.1
2014	7.7	38.9	53.4
2015	7.4	35.7	56.9
2016	2.0	26.9	71.1

6. 三次产业能源使用结构呈现出第二产业独占鳌头的状况

能源使用结构与产业结构升级调整之间关系密切。由表 3-6 可以发现，第二产业在三次产业以及生活消费中能源使用结构占比最高，这说明第二产业是能源消费的大户，而在第二产业发展中如何进一步降低能源消费额度，加强能源使用技术创新，提升能源消费强度，走清洁化发展之路对于改善生态环境非常重要；第三产业虽然能源使用结构与第二产业相比有较大差距，但是第三产业发展也需要坚持绿色发展理念，以尽量少的能源消耗实现更多的第三产业增加值，这也是现代经济走可持续发展道路的现实要求。

天津市 2013—2016 年三次产业能源使用② **表 3-6**

	一产（%）	二产（%）	三产（%）	生活消费
2013	1.3	72.8	15.2	10.7
2014	1.3	72.8	14.6	11.3
2015	1.3	70.8	15.3	12.5
2016	1.4	69.2	16.3	13.2

① 天津市统计局、国家统计局天津调查总队．天津统计年鉴（2014—2017）[M]. 北京：中国统计出版社，2014—2017.

② 天津市统计局、国家统计局天津调查总队．天津统计年鉴（2014—2017）[M]. 北京：中国统计出版社，2014—2017.

7. 三次产业内各支柱产业基本没有发生变化

依据天津统计年鉴，三次产业内各支柱产业基本没有变化。在第一产业内部，农业和牧业始终位居前两位，即第一产业基本上是以农业和牧业作为其支柱产业，其中农业的基础地位不可动摇；在第二产业内部，黑色金属冶炼和压延加工业、汽车制造业、设备制造业、食品制造业、化工原料和化学制品制造业等始终处于主导地位，工业总产值占较大的份额，处于领先的位置；在第三产业内部，批发零售业、金融业、租赁和商务服务业、科学研究和技术服务业以及交通运输、仓储和邮政业处于前五的位置。三次产业内的各支柱产业在产业内部的产值额度相对较高，为该产业发展做出了较大的贡献。

（三）天津市三次产业内部结构的演变特点

1. 三次产业之间的结构比例关系由“二三一”走向“三二一”的比重格局

1978 年第一产业生产总值为 5.03 亿元，第二产业生产总值为 57.53 亿元，第三产业生产总值为 20.09 亿元，三次产业之间的比重呈现明显的“二三一”比重格局，这种局面在天津市持续了较长的一段时间，一直到 2014 年，天津市第三产业生产总值首次超过第二产业，并保持到现在。由“二三一”格局走向“三二一”格局，这也说明第三产业自 2014 年以来开始在天津市国民经济中占据较大的比重，第二产业次之。

2. 第二产业和第三产业对经济的贡献较大

不管是改革开放初期，还是现在的社会主义市场经济时期，天津市第二产业和第三产业对于经济的贡献始终处于较高的水平，国内生产总值的增长主要来自于第二产业和第三产业，而第一产业的经济贡献度较小。第二产业和第三产业的迅速发展也进一步确立了天津市在全国的地位，特别是 2016 年以前，天津市的经济增长率在全国处于较好的水平，为天津市民生改善、社会发展提供了坚强的保障。

3. 三次产业内部结构进一步优化

在第一产业内部，虽然农业和牧业占较大的比重，但是林业、渔业和农林牧渔服务业产值也获得不同程度的增长。在第一产业内部各产业产值变化相对平稳，天津市林业生态产值最低，但随着天津市中心城区与滨海新区双城中间绿色生态屏障规划建设，将会进一步提升林业生态产值，对于进一步优化第一产业内部各行业的结构具有积极的作用。

自改革开放到 20 世纪末期，天津市一直是第二产业居于主导地位，但第二产业内部结构不尽合理，第二产业内部各行业之间发展不平衡，特别是传统工业产业占较大比重，而传统工业产业中又过多地依赖化石能源，这虽然获得了较多的经济效益，但对生态环境构成了严重的威胁。天津市近些年通过转变发展观念，果断淘汰高污染、高排放的产业，大力发展高新技术产业以及战略新兴产业。目前来看，第二产业内部绿色生态型的企业日益增多，高能耗的产业比重在日益减少，第二产业正在向生态型方向转型。

在第三产业中，信息传输、软件和信息技术服务、房地产行业、居民服务、修理和其他服务业、租赁和商务服务业等新兴服务产业发展比较迅速，生产总值增速相对较快，但是批发零售业、金融业等天津市的传统服务产业和优势服务产业仍然在第三产业中占据较大的产值比重。随着新兴产业的进一步发展，传统服务产业与新兴服务产业的差距也在不断缩小。伴随人们消费观念的变化，新兴服务产业将会得到进一步发展，对于第三产业的贡献也将逐步提升，这也将会进一步优化第三产业内部结构。

二、天津市产业发展的 SWOT 分析

（一）天津市产业发展的优势

1. 拥有良好的地理区位及交通优势

良好的地理区位及发达便捷的交通是区域产业发展的重要条件。天津客观存在和得天独厚的地理区位以及纵横交错的交通运输网为天津产业的快速发展提供了极其有利的条件。天津的地理区位优势十分明显，主要有毗邻首都北京、濒临渤海湾，拥有北方第一大港口等。天津北京同城化进程加快，为天津与北京的经济互动及协作提供了便利，也为京津冀城市群建设以及实现天津与北京、河北等地的产业错位发展创造了条件；天津地处环渤海中心，也是北方经济中心，这有利于加强环渤海区域内资源要素的融合，对环渤海区域的产业联动具有强大的带动、引领和辐射作用，同时也更有利于促进天津产业的提质增效以及发展布局。天津市的交通优势日益凸显。经过多年的交通基础设施建设，在天津市周边已构建形成了四通八达的海、陆、空立体化交通网络，铁路、公路、航空可以通达全国乃至世界各地，特别是天津渤海湾拥有一个功能完善、货物吞吐量高的综合性贸易港口——天津港，使得天津的港口优势十分突出，为与世界各地的贸易往来及物流业发展提供了一个快速高效、运输成本低、运输能力强的海上咽喉要道，天津已成为通南北、连接东西的交通重镇，为促进天津产业发展奠定了坚实的基础。

2. 具有较为发达的经济基础

自党的十八大以来，虽然国际风云变幻，经济环境变化多端，但天津市在党中央、国务院的正确领导下，以时不我待的干事创业精神以及对于经济发展的科学谋划，始终坚持改革发展创新，在经济发展上取得了持续性的增长。“2017 年，天津市生产总值（GDP）18595.38 亿元，按可比价格计算，比上年增长 3.6%。其中，第一产业增加值 218.28 亿元，增长 2.0%；第二产业增加值 7590.36 亿元，增长 1.0%；第三产业增加值 10786.74 亿元，增长 6.0%。三次产业结构比为 1.2 ∶ 40.8 ∶ 58.0”。[①] 由图 3-1 可知，2013 年天津市生产总值为 14689.94 亿元，2017 年天津市生产总值达到 18595.38 亿元，增长了 26.59%；其中服务业占全市生产总值的比重由 2013 年的 47.9% 上升到 2017 年的 58.0%。

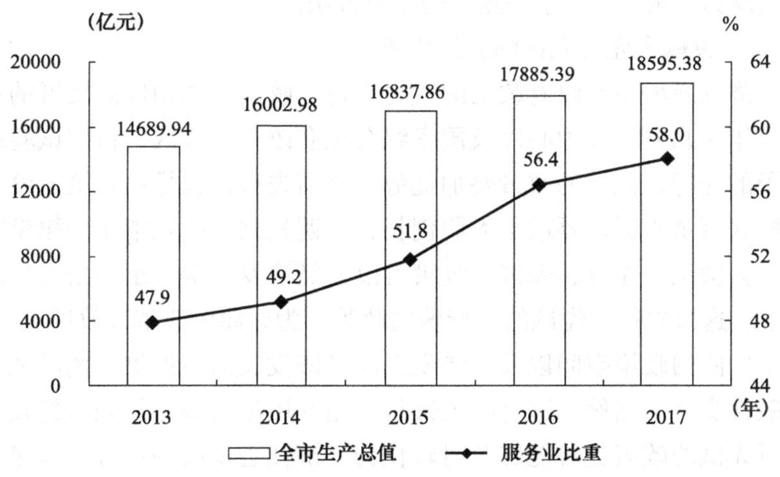

图 3-1　2013—2017 年全市生产总值和服务业比重

3. 打造了完备的高等职业教育体系

优质的高等职业教育是区域经济产业发展的重要基础。高等职业教育能够向产业源源不断地输送大量专业对口的一线人才，为产业发展提供了坚强的人才保障。天津市高度重视高等职业教育发展，在高等职业教育领域率先谋划和积极探索，构建了一套高效的高等职业教育体系。第一，以建设国家现代职业教育改革创新示范区契机，高标准规划，积极构建与京津冀协同发展相配套的高等职业教育体系，着眼于高等职业教育供给侧改革，以产业需要什么样的人就培养什么样的人为根本遵行，聚焦产业发展中的高技能人才培养；第二，积极探索高等职业教育发展模式，形成了一个由“政府、行业协会、企业、学校、研究机构”五方

① 天津市统计局 .2017 年天津市国民经济和社会发展统计公报，http://www.tj.gov.cn/tj/tjgb/201803/t20180312_3622447.html.

共同参与的人才培养协同模式，该模式充分调动各方的主动性，各司其职，为培养高质量的人才提供了一个可资借鉴推广复制的天津模式；第三，积极推进高等职业教育国际化。邀请国际上高等职业教育发达的国家的师资来津讲学以及选派我方教师到国外学习、在泰国建立“鲁班工坊”以及举办参与国际性的职业技能比赛、国际性的研讨会等，为天津高等职业教育国际化以及提升天津高等职业教育的水平提供了重要支撑。第四，坚持以赛促教，以赛促学，不断提高天津高等职业教育的针对性和实效性。全国职业院校技能大赛永久落户天津，这既是展示教学成果的重要形式，也是产教融合、产教对接的重要平台。举办全国职业院校技能大赛是衡量高等职业教育的教学水准、学习成果以及进一步明确人才培养的目标方向以及真正做到“工学一致”的重要方法。

4. 具有中央赋予先行先试的政策优势

区域经济发展离不开政府政策的大力支持。政策是推动经济发展的重要驱动力。天津市作为北方经济中心以及国家综合配套改革试验区、自贸试验区等，具有中央赋予的先行、先试的政策叠加优势。所谓先行，就是在政策上没有可资借鉴的已有模式可供复制，要敢于大胆创新；所谓先试，就是指在法律没有禁止的领域都可以去尝试。先行、先试的政策可以为经济发展探索出一条可复制推广示范的新路子。这项先行、先试的“特殊的政策”为天津的改革开放以及“放、管、服”提供了广阔的政策空间以及为激发天津经济发展活力提供了优质宽松的政策环境和突破性支持。当然，这里的关键是要用好用足这些先行先试的政策，并且将这些先行先试的政策优势能够及时转化为经济社会发展的优势。天津市可结合自身经济发展条件以及定位，适时出台符合产业发展需求、推动产业技术革新、具有吸引力的新政策，将为天津经济的崛起和腾飞保驾护航。这些先行、先试政策的实践，将有力地促进天津市行政管理体制改革、优化资源配置以及进一步促进天津产业经济向绿色、低碳、清洁、节能方向转变。用活先行先试的政策优势就可为天津经济发展带来经济的可持续、跨越式发展。因此，要求政策制定者具有广阔的视野和创新的理念，通过在土地资源配置、行政管理体制创新、金融创新、人才吸引等方面的差别化、灵活高效的政策的落地，必将促使天津成为产业经济发展的投资宝地。

5. 科学技术创新能力强

科技创新是推动产业发展的第一动力。天津市紧紧围绕产业发展、加大科技创新力度，大力实施科技创新驱动经济发展，积极构建创新性城市建设，取得了一批重要的科技成果，为天津经济产业发展提供了坚强的保障。第一，天津积极落实京津冀协同发展战略，在科技领域与国际、国内先进企业开展积极合作，引进一批先进的科研机构落户天津；强化国家自主创新示范区建设，在航空航天、生物医药等战略性新兴产业技术创新上取得了丰硕成果；建立“一带一路”科技创新合作联盟，为“一带一路”沿线国家的科技创新合作搭建了平台。第二，天津市大力推进科技型企业建设。以优惠的科技政策促进产业结构向绿色生态方向转型。截至目前，在天津的国家高新技术企业超过4000家，科技型企业达到90000家以上。第三，注重强化科技基础设施建设，为科技创新提供强大的物质保障。天津市建设了一批重点实验室、研究机构、技术中心，特别注重企业与高校合作共建研发基地。第四，注重加强对科技创新人才的激励。通过出台灵活的政策，赋予科技人员更多的自主权，实施科技特派员制度，充分调动了科技创新人才的积极性、主动性和创造性。第五，天津的高校和研究机构比较多，聚集了一批高端人才，为天津的科技持续创新提供了良好的智力支持。

（二）天津市产业发展的劣势

1. 经济发展呈缓慢态势

自2000年以来，天津经济发展势头良好，经济增长速度较快,2000—2015年，天津经济增长始终以两位数的速度向前发展，2016年天津市还保持在9%的增速，但是到了2017年，经济发展出现了较大幅度的滑坡，据天津统计局2018年1月发布的统计数据表明，2017年天津市的GDP增长仅为3.6%，一下子从全国排名靠前的位置降到倒数。2018年上半年，国家统计局公布的官方统计显示，天津的经济增速仅为3.4%，排名28个省份的最末位。当然，天津经济呈现发展缓慢的趋势，既有外部原因，也有自身内部结构调整的原因，这一方面表明了当前天津经济受到了国际经济萧条因素的不利影响，另一方面也说明天津正在加快供给侧结构性改革，加快告别传统低效产业，追求高质、高效产业的发展，同时官方在统计数据上也正在挤出水分，确保统计数据的真实性、可靠性，但不管怎么样，目前的天津经济发展缓慢将在一定程度上制约天津经济的进一步发展，也就是说促使产业转型，使经济发展进入发展的快车道还需要一定的时间，这种情况可能会使天津丧失很多投资发展的机会，或者说天津经济全面复苏还需要政府、投资者等方面切实加强合作，抓住发展的重要窗口期，强化经济发展的良好的营商环境，增强投资者的信心，为天津经济的再次腾飞创造良好的经济环境。

2. 产业结构布局不合理增加了产业转型的难度

天津是一个传统工业重地。经过多年发展，在各个产业配置上的不均衡、不协调、不合理的问题和矛盾日益显现出来，对于天津经济的可持续发展形成阻碍和压力。这主要体现在：第一，产业结构极不均衡。第一产业在所有产业中所占比例较高，并且第一产业中传统重工业包括石化、冶金等所占比重远远高于高新技术产业所占比重，第三产业即现代服务业所占比重较低。第二，产业集群尚未形成。虽然天津也有一些较高端的产业项目，如大飞机制造、生物医药等，但还没有真正形成产业链条的集聚，产业发展的集群能力不足，没有形成完整的产业发展链条，没有真正形成产业集聚的辐射和带动效果。第三，产业发展的后劲不足。虽然经过多年的产业培育，但没有形成具有真正影响力的本土化的全国领先的企业和过硬的产品，当然通过招商引资也吸引了一批有实力的品牌企业落户天津，但本土知名产品缺乏。第四，传统化石能源企业占比过高，粗放型生产向技术型转变仍然还需要一定的时间，为后续的产业转型升级改造增加了难度。第五，现代服务业发展滞后。与北京、上海等一线城市相比，天津现代服务业滞后既有服务理念不先进，还有服务业的内部结构本身不合理，服务业的总值占产业总值偏低，服务水平和管理水平还不高等，因此，如何提升天津现代服务业的水平是提升天津产业发展质量中需要亟待优先考虑的选项之一。

3. 资源紧缺且环境治理任务艰巨

资源和环境是经济社会发展不可或缺的重要元素。随着天津经济社会的深入发展，对资源和环境的需求在不断增加，但资源是有限的，环境也是有容量的，尤其是近年来经济的迅猛发展，虽然获得了 GDP 的快速增长，但是这些增长背后是对有限资源的过分掠夺，是对自然生态环境的无情破坏。一方面，天津地处北方，干旱少雨，水资源相当匮乏；天津的土地资源也是非常短缺的，天津也是全国的特大型城市之一，人口密度大，人均土地面积远低于全国的平均水平；同时对于像石油、煤炭等能源也是有限的资源，供给压力也在不断增大。另一方面，天津近些年来经济发展还是取得令人瞩目的成就，取得了骄人的经济发展成果，但天津所走的经济发展之路仍是传统的过分依赖化石能源的发展模式，这种发展模式对环境的影响相当大，目前已超过自然环境所能承载的负荷能力阈值范围。而资源紧缺和自然生态环境的污染又进一步成为阻止天津发展的约束力量。为此，天津经济社会的发展必须正视当前面临的资源和环境问题。对于资源利用需要开发更多可替代的绿色资源以及走节约、集约的道路；对于生态环境必须下大力量进行综合治理，当然这项治理工程是一个系统工程，也绝非一朝一夕就能解决的。天津也只有把资源和环境问题处理好，才能为天津的可持续发展提供最基本的物质供给。而好资源和环境问题的改善已经刻不容缓。

4. 产业围城现象严重

天津在城市发展中面临的一个亟需解决的问题就是产业围城问题。天津多年来的快速发展得益于区域产业的快速成长以及众多企业的成立。这些企业为天津经济发展做出了很大的贡献，但随着城市发展理念以及人们对改善生态环境的迫切需要，目前分布在城市周边的大量的企业，特别是一些“散乱污”企业，产业发展层次低、污染大的企业。在天津市有各类工业园区314个①，特别是在环城四区中存在着各种类型的工业园区，有国家级的、市级的、区级的、镇级的还有村级的，其中以西青区最多，达到55个②。分布在城市周边的这些工业园区，发展水平参差不齐，有的发展水平高，引领着天津产业发展的方向，但很大一部分工业园区中的产业属于传统落后的产业，资源消耗大，环境污染严重，这些产业需要加快转型，调整产业发展方向，实现腾笼换鸟。因此，目前的产业围城问题确实制约了天津经济走绿色、清洁、生态发展之路的美好愿望，而要破解这一难题，需要对现有产业园区深度整合，有序推进新旧动能转换，但是产业围城问题将在一定程度上阻碍天津经济的持续增长，因为产业的转型、产业结构的优化调整、新业态的重新布局、新的产业集群的重建等既需要时间，又需要政府的决心和策略。不管怎样，产业围城问题是否解决都以某种方式在一定时期影响着天津经济的发展。

（三）天津市产业发展的机会

1. “一带一路”倡议助力天津市产业发展

国家主席习近平于2013年提出的“一带一路”倡议受到“一带一路”沿线国家的一致赞同和热烈欢迎，因为“一带一路”倡议是真正受惠于沿线国家的发展良机，是促进沿线国家经济社会发展的重要纽带。天津市也是处于“一带一路”之上的重要区域，在“一带一路”发展带上既可发挥天津市自身的长处，又能给天津市进一步发展带来重要机遇。目前天津市也正在加快产业转型，要充分利用“一带一路”倡议与沿线国家进行充分的合作与交流，将天津市产业调整优化与“一带一路”沿线国家的经济、文化建设进行深度融合，这既有利于促进拓展天津市产业发展空间，激活和延伸天津市的产业发展链，助推天津市产业腾飞，又有利于拉近“一带一路”沿线国家之间的空间距离，加强互通，促进沿线国家经济社会发展。在“一带一路”经济发展带中，为天津市进一步拓展产业发展的国际市场创造了机会，在与“一带一路”沿线国家合作中可采取“走出去”和“引进来”相互结合的发展战略，即将天津市的优势产业及服务、产品带出国门，在

① http://www.mee.gov.cn/gkml/sthjbgw/qt/201809/t20180928_632821.htm.

② http://tianjinwe.enorth.com.cn/system/2018/08/19/035996972.shtml.

“一带一路”沿线区域投资兴业，带动当地就业，支持“一带一路”沿线国家的经济发展，同时也可将“一带一路”沿线国家的先进技术经消化吸收后进一步来助推天津市产业经济的快速发展，实现在产业发展中的优势互补、互利共赢、协同进步。

2. 国家创新驱动发展战略为天津经济发展注入活力

2016年5月，中共中央、国务院颁布了《国家创新驱动发展战略纲要》，明确了创新驱动在经济社会发展中的核心地位，这是中央在新时期高瞻远瞩、审时度势力作出的战略规划，必将为引领经济社会发展提供强大动力支撑。对于天津市产业经济发展来说，国家创新驱动发展战略将为天津经济更好地聚焦于创新性产业形态，增强经济发展能力注入强大的活力。天津市是老工业基地，天津市工业转型发展的重要基点在于对传统工业进行颠覆性的变化，加大传统工业革新力度，由粗放型产业向集约型、创新性产业转型，这里转型的关键就是要大力实施创新驱动战略，以创新驱动引领经济社会变革，以创新驱动促使传统工业价值链的拓展、延伸乃至转移，实现传统工业的脱胎换骨。为此，国家创新驱动发展战略为天津市经济转型提供了千载难逢的重要机遇和发展契机。一方面，通过创新驱动带动天津市传统工业快速融入全国创新价值链条之中，及时定位创新要素，寻找产业发展战略机遇；另一方面，通过创新驱动促使产业结构升级换代，克服产业技术瓶颈，优化产业工艺流程，增强产业链高效整合所产生的技术溢出效应。由此可见，国家创新驱动发展战略是推动经济社会发展的第一动力源，也将是加快推进天津市经济转型的重要引擎和内生动力。

3. 京津冀协同发展战略为优化天津产业发展提供重大机遇

京津冀协同发展战略是党中央作出的一项重要战略决策，是疏解北京非首都功能的一项重大举措，也是构建新型首都经济圈和升级京津冀城市群发展的现实需求。京津冀协同发展战略为天津产业发展提供了千载难逢的重要机遇，对于促进天津产业优化升级、结构调整以及实现与京冀的产业协同互补具有重要意义。在京津冀协同发展战略实施过程中，第一，通过明确天津在京津冀产业生态圈中的功能定位（《京津冀协同发展规划纲要》中将天津定位为“一基地三区”），充分利用天津产业发展的资源、港口等有利因素，积极承接及优化配置天津产业布局，实现在京津冀协同发展战略中的差异化发展优势；第二，要紧紧抓住高端人才资源要素向天津转移的有利时机，坚持人才第一的理念，为人才干事创业创造良好的环境，以人才集聚进一步助推天津产业的高质量发展；第三，要不失时机地抓住京津冀协同发展战略提供的产业创新的重要契机，京津冀协同发展战略本身也是一个改革的战略，它不仅强调产业在京津冀之间的转移及重新布局，更强调在转移中实现协同发展及创新，在转移中构建新型的经济发展模式，在转移中破解“大城市病”，即通过京津冀协同发展战略的实施，既要实现区域协调发展，更要在发展中寻求新的经济增长方式。

4. 供给侧结构性改革将引领天津产业高质量发展

供给侧结构性改革目的是进一步优化配置产业经济结构，增强经济发展能力，实现经济社会的绿色生态可持续发展。供给侧结构性改革为天津产业高质量发展提供了新机遇。第一，供给侧结构性改革的核心是以改革为手段促进经济的协调发展，强调从供给和需求两侧同时出发，以供给和需求有效衔接和平衡发展探索制约经济发展瓶颈的解决之道，这将为天津全面深化改革、优化资源要素配置创造机遇；第二，供给侧结构性改革为天津产业去产能、促进产业升级改造提供契机。众所周知，天津是一个老工业基地，传统工业占较大比重，在发展中既过分依赖化石能源，又有产能过剩等问题。供给侧结构性改革就是从生产端着眼，寻求解决产能过剩的有效方法，促进产业结构的再调整，为产业的升级换代提供重要支撑；第三，供给侧结构性改革为天津产业绿色低碳生态发展提供了重要发展机遇。生态环境是经济社会发展的重要载体。构建良好的生态环境是实施供给侧结构性改革的重要内容。天津在产业发展中应将保护生态、建设绿水青山作为重中之重。走绿色产业发展之路，积极构建生态型经济既是供给侧结构性改革的检验依据，也是实现天津产业高质量发展的必然要求。因此，供给侧结构性改革对于有效解决天津产业经济发展中结构不匹配和失衡问题以及增强经济发展的适应性等具有重要意义。

（四）天津市产业发展的挑战

1. 国际产业竞争加剧

随着经济社会发展，世界各国之间的贸易往来日益频繁，各国在产业价值链中的分工地位也悄然发生变化，伴随第四次工业革命的到来，国际产业竞争日趋激烈，已有的产业分工将面临重新洗牌和再调整的命运。发达国家凭借其高超的技术创新能力不断获取产业发展的比较优势，而一些新兴的经济体也在发挥自身的优势积极争取承担世界产业链分工中的角色，获取产业发展的新机遇，因此，国际产业发展环境处于不断变化以及世界各国都在谋求国际产业空间拓展给中国以及天津的产业发展空间带来挑战。也就是说，世界各国为寻求发展都在将产业发展空间拓展到国际市场，这势必为各个国家产业发展带来一定的竞争压力。当然，虽然国际产业发展竞争激烈以及产业贸易体系也日渐成熟，但天津如何发挥自身的有利因素积极参与国际产业分工非常必要。所以在全球产业格局正处于变化调整的时期，天津必须找准自身的位置，变压力为动力，主动作为，加快谋划，构建与世界各国贸易交流的渠道或直接将产品生产制造迁移到海外基地等，寻求产业升级的有效模式，加大改造传统产业的力度，创新产业发展机制积极应对国际产业分工发展中面临的威胁，提升产业发展的附加值，增强产业发展的持续竞争能力。

2. 产业生态圈还不健全

良好的产业生态圈是现代产业健康有序发展的必要条件，也是培育产业集群竞争力的根本保障。目前，天津产业发展虽然有一定的基础，但产业生态圈有待完善，各个产业集群内的企业相互之间合作不密切，仅仅局限于在空间的集聚，没有建立起有效的协同发展的机制，同时产业链中的上游产业、中游产业、下游产业也不齐全，产业链延伸度不够，产业链环节分布散现象突出，另外产业发展的配套服务尚存在不足。综上所述，天津产业发展的生态产业圈还需要加大力度进行培育提升，否则将为天津产业的升级及形成具有较强影响力的产业格局形成制约。一般来说，不管是哪一个产业领域都与多个行业之间具有密不可分的联系，只有充分整合好上下游领域的各种资源以及形成互利合作的协同机制，才能为该产业发展提供一个良好的发展氛围，而目前天津最欠缺的就是促进产业生态圈良性发展的协同机制。事实上天津引入的企业也很多，但大多数属于各自发展，缺乏同类型企业间的合作以及与此企业相关的供应商、服务商的引进和聚集，这使得产业发展的链条存在短路现象，更谈不上相互间的分工与协作；同时，天津的工业园区较多，分布各个区、街、村等，缺乏统一的谋划，导致产业发展存在无序的状况，这些都将从根本上了限制了产业生态圈应有的功能，制约天津产业的高端、高效、高速发展。

3. 经济发展方式绿色转型的制约因素仍然存在

绿色转型是经济领域发展模式的革命性变革。实现经济发展方式的绿色转型是催生经济可持续发展以及破解资源消耗和环境污染问题的有效手段。当前，天津经济发展中也面临着经济转型，走绿色发展道路的紧迫性，虽然天津也在大力推进绿色发展，并获得了一些成效，但距离绿色经济的发展需求还有很长的路需要走，特别是生态环境的负荷也接近其阈值。目前来看，制约天津绿色发展的因素主要表现在：第一，引领经济绿色发展的理念还不全面，仅在某些领域或某些环节中坚持绿色发展，这是一种片面主义的绿色发展观，需要在社会经济领域全方位开展绿色实践；第二，政府对于绿色发展的治理政策措施还不到位，对于经济领域的绿色革命支持力度还不够；第三，社会大众对于绿色发展的认识还不深入，导致在绿色行动、绿色消费等方面做得还不够好；第四，绿色发展的技术创新水平以及基础设施建设也还有很大的改善空间等。很显然，天津走绿色发展的道路还有许多技术、管理、理念等方面的实际问题需要解决，特别是在当前资源环境约束日益紧张、生态容量已接近满负荷的严峻大背景下，实现经济发展方式的绿色转型是优化产业结构、有效化解经济快速增长与资源环境承载力不平衡问题的必由之路。只有解决了上述制约绿色发展因素的羁绊，才能不断增强天津产业经济的发展后劲。

4. 营商环境亟待进一步改善

营商环境是产业经济发展的重要载体。营商环境能否持续改善不仅关系到能否吸引更多的投资商前来投资兴业，还关系到区域经济市场发展的活力以及内在动力问题。天津市目前虽然也非常重视营商环境的建设，提出“产业第一、企业家老大”的理念，但在营商环境中仍然存在一些突出问题，第一，在服务企业的具体举措上还需要进一步创新，个别工作人员服务企业的意识还不强；第二，项目审批的流程仍需要进一步优化，针对服务企业的工作规范性还需要进一步提高；第三，市场中仍然存在一些烂尾工程，积极主动帮助企业化解相关难题的意识不够；第四，个别工作人员仍然存在懒政、寻租等问题；第五，营商环境的诚信体系仍需要进一步加强建设等。也就是说，虽然天津从市级领导层面非常重视营商环境建设，也制订了一些加强营商环境建设的制度，在营商环境建设方面也取得了一些积极的成果，但是距离天津北方经济中心的定位，天津的营商环境建设仍然任重道远。只有把营商环境建设好，才能吸引更多的“金凤凰”落户天津，扎根天津，建设天津。为此，建设好营商环境的基本思路首先是正确处理好政府与市场的关系，明确政府在市场经济活动中的职责，真正让市场在资源配置中起决定性作用；其次，即使是属于政府管辖的职责也要尽可能地简化流程，方便企业；最后，要构建一个政府与企业互动交流的有效渠道，政府要主动服务、靠前服务，真正成为一个化解企业难题的“店小二”。

三、天津市产业结构优化的政策及方法

（一）天津市产业结构优化的政策

1. 促进产业结构优化的财政政策

从天津产业发展的现实状况来看，通过完善财政扶持政策支持产业结构优化十分必要。在产业结构优化升级中通过制订适合天津本土的财政扶持政策，及时

引导产业结构转型，发挥政府财政资金的杠杆作用，促进产业结构的绿色调整，这既有利于产业的长远发展，也符合财政支持产业发展的激励方向，最终实现产业结构不断优化所形成的经济效益和生态保护协调发展的战略目标。通常来说，政府财政扶持可从贴息、补助、补贴、转移支付、政府参股、投资等多种方式上加大对产业的支持与引导，有效应对产业转型发展中面临的资金难题。通过一系列财政资金投入的激励保障政策的实施，一方面可以增强企业在产业转型发展中的信心和动力，为企业产业转型发展提供一颗“定心丸”，另一方面，通过财政资金投入重点领域及结构的变化，可以不断引导产业向着绿色、生态、清洁生产的方面进行调整，确保财政资金引导绿色发展的总基调。

具体来说，促进产业结构优化的财政政策可以从以下几方面进行具体设计：第一，加大财政资金投入力度。天津市在已有财政资金支持政策的框架下，进一下加大贴息、补贴等支持力度。例如，积极开展向节能降耗方向发展的产业加大奖励力度；对于向政府大力培育的现代服务业方向投资的企业给予专项补助等；对于在产业发展中积极采取措施进行污染控制的企业给予一定的补偿等；对于主动淘汰高污染、高排放产业向低污染、低排放产业转型的企业给予财政贴息、补助等。第二，以财政支出结构的调整引导和鼓励新技术产业发展。财政支出投向产业领域方向和比重的变化直接表明政府鼓励什么样的产业发展。目前，在天津需要大力发展高技术产业，为此就需要研究向高技术产业领域加大财政支持的创新政策，支持新技术产业在天津的聚集发展。第三，制定引导产业结构优化调整的分类别、协调化的财政支持政策。在财政支持政策整体设计上要根据天津产业发展规划目标，明确优先发展产业、重点发展产业、特色发展产业支持方式及专项资金支持力度，激活产业发展活力，推动产业高质量转型，同时要协调好第一产业、第二产业、第三产业的均衡发展，以及对于传统优势产业、高新技术产业、生产性服务业、现代农业等制订差别化、分层次的财政政策支持方式，避免有限的财政资金全面开花、没有重点的支持，注重提高财政支持资金的投入效果。第四，以政府采购项目调整引导产业结构优化升级。政府采购是维系政府日常工作的一项重要内容，选择什么样的政府采购项目反映政府对于产业中提供商品和服务的需求变化。政府采购中需要财政出资一笔费用向社会购买所需要的商品和服务，一方面可以扩大政府采购规模，引导产业在相关商品和劳务上的供给，进而引导产业的投资及重点发展方向；另一方面，继续深化政府采购公开招投标的流程，促进商品和劳务供给方的公平竞争，以优胜劣汰助推产业升级，从而优化产业结构。

2. 促进产业结构优化的税收政策

税收作为一种取之于民、用之于民的分配工具，可以通过调节国民收入的再次分配，在一定程度上对市场经济活动进行引导、干预等。税收政策对于产业结构优化调整的作用体现在税收政策可以对刺激经济增长产生影响，进而以经济增长带动产业结构优化调整向着合理化、高级化的目标转变。具体来说，促进天津市产业结构优化的税收政策可以从以下几方面着手：第一，进一步推进税制改革，增强税收政策的实效性。结合产业经济发展现实需要，特别是应对北方冬季常发的雾霾天气等，通过进一步优化调整现有的税种，引导产业向生态化目标转变，可以根据需要开征碳排放税、生态税、能源税等；全面深化资源税改革，助力产业向着绿色生态方向转型；适时扩大增值税范围；增加高能耗、高污染产品的课税税率。第二，加大税收优惠力度，引导产业技术革新。给予产业领域技术创新研究投入的税收优惠力度，为产业中技术创新活动保驾护航，分担技术创新过程中的风险。对于在技术研发创新中投入的大型设备，可以减少折旧年限；对于技术创新研发的新产品进入市场一定年限内给予特别的税收优惠政策等。第三，以税收政策进一步推动现代服务业的健康发展。将服务业项目分类进一步具体化，对于目前在天津处于高端服务业以及重点发展的服务业领域，例如，金融、总部经济、会展、文化创意等，给予税收税率优惠，也就是说对于不同类别的服务业实行差异化的税率政策。同时，对于服务业企业在进行新的服务产品的研发或者是相关设备等都要在税收政策上体现出税收的杠杆引领作用。第四，进一步强化税收惠农富农政策。农业现代化是产业现代化的重要组成部分。现代社会的发展离不开农业。不管产业发展到何种阶段都不能忽视农业的发展。天津市农业用地紧张，人均农业用地更是低于全国平均水平，因此，为促进天津市农业现代化发展步伐，应进一步强化税收政策在完善和促进现代农业发展中的调节功能。在农产品的生产、加工、销售等环节发挥税收的调控作用。第五，进一步增强税收政策的协同性、完整性。在产业发展中税收政策体系的设计是一个系统工程。同时产业本身又包括不同的类别，每种类别的产业又可细分为不同的方面，因此在进行税收政策设计时，既要遵循天津市产业发展战略规划及目标要求，确保各类别产业在税收政策上的多点、同步发力，形成整体合力，同时还要确保税收政策的系统性，围绕产业结构优化方向，合理构建税收政策调控目标、主体、对象、方法、信息传递、反馈评估等各要素共同组成的完整的税收调控系统。

3. 促进产业结构优化的信贷政策

信贷政策通过引导资金在产业领域内投向的变化来促使信贷结构的改变，并引导产业资本结构的调整，最终引起区域内产业分布结构的变化。也就是说，信贷政策将影响到资金存量结构和增量结构的调整，而资金的存量结构和增量结构的变化在某种程度上也折射着产业的资产结构变化，即以资金在产业间的流转促使产业布局的调整与变化，进而推进产业的转型与升级。事实上，良好的信贷政策对于产业结构的优化调整也是一种非常重要的手段。良好的信贷政策不仅通过调节资金在产业领域中的投入，促进产业资本在主导产业和重点发展产业中的进一步集聚，为进一步增强产业发展优势提供支撑；同时，良好的信贷政策还可以通过资金投入的效益性评价，跟踪产业投资回报率，及时将信贷资金投向效益性高的产业领域，促使产业结构的合理化。

第一，针对不同的产业以及不同的企业项目实施差异化的利息率政策。通过实施差异化的利息率政策形成不同的筹资成本压力，通常来说，对于积极推行的先导产业、重点产业采取较低的信贷利息率，而对于拟限制发展的产业采取较高的信贷利息率，这样以差异化的利息率促使资金流向优先鼓励发展的产业。第二，投向产业领域的信贷规模继续保持平稳适度增长。适度增长的信贷额度既要投向重点支持的产业项目上，又要投向经济发展重要生力军的“小微”企业、民营经济、三农等领域，真正将适度增长的信贷额度切实用在进一步促进产业结构调整、满足市场需要上，以信贷资金的投向变动来进一步培育优质市场以及淘汰落后的产能。第三，加强产业布局及规划研究，及时出台灵活、多样化的信贷政策。天津市在产业布局规划时，在遵循国家产业发展大政方针的基本要求下，充分发挥本地的产业发展特色及优势，并划分出支持类、限制类、退出类的产业项目类别，并针对这些产业给予个性化的信贷政策，明确信贷政策的导向、风险监管以及信贷的投入和退出机制，以此来引导和促进产业结构的调整和转型升级。第四，信贷机构要持续关注信贷资金投向，以信贷结构调整促使产业结构的不断优化。信贷机构在进行贷款审批时，需要严格执行贷款发放条件，建立信贷市场风险预警监测制度，强化信贷对具有良好发展前景及技术含量高的产业投入力度，激活产业创新活力和产业发展新动能，进而推动产业结构的战略性调整和高度化。第五，信贷机构要加强与政府、企业的密切合作，将产业结构优化调整作为自己的一项战略任务。产业结构调整单靠政府、企业很难完成，信贷机构作为一个重要的参与力量，要积极吃透国家的产业政策和天津市的地方产业规划以及对借款方的资质、产业经营管理能力、产业竞争力等进行全方位的衡量，使信贷投放在理性、稳健的原则下积极为政府和企业分忧，为产业高质化发展做出一份贡献。

4. 促进产业结构优化的产业政策

产业政策是促进产业发展、提升产业内在素质的各种政策和方法的总和。产业政策可以充分弥补市场在产业资源配置中的不足，与市场力量一起共同促进产业发展。一般来说，产业政策对于促进产业结构优化主要体现在，通过制定产业导向政策，可以增强在相关产业领域的资源配置能力和效率，提升产品的核心能力以及产业的技术结构水平，从而实现产业结构不断优化以及产业布局更加完善。具体来说，促进产业结构优化的产业政策设计可以从以下几方面着手：第一，积极制定主导产业的优先发展政策。主导产业具有十分良好的发展前景，技术水平较高，在国民经济体系中处于举足轻重的地位，对于刺激和引领其他产业发展具有示范和扩散作用。天津市要首先确定自己的主导产业，科学定位，制定支持主导产业集群发展的具体政策措施，把主导产业链拉细做长。通过天津市主导产业的增长和快速发展来吸引优质人力和高新技术聚集天津，进而促进天津市整体产业结构向更高层次的演进。第二，建立健全具有鲜明经济利益导向的产业政策。产业结构能否合理化，也离不开经济利益的诱导作用。资源在产业间进行科学配置的过程中需要通过资金或资本的流动来最终达成。合理的利益引导来鼓励或限制资源配置以及投资结构的变化等都会促使产业结构的调整。因此，天津市在发挥产业政策的经济导向功能上可以大做文章，明确产业结构调整的利益导向。第三，提升产业政策执行效果，通过产业政策法制化的形式，进一步支持相关产业的发展，达到加快推进产业结构优化的步伐。目前天津市促进产业发展的政策也有很多，在产业政策法制化方面可以多多参照美国、日本等国的经验做法。以产业政策法制化增强执行力，这对加快推动产业结构优化调整作用非常明显。第四，在制订产业政策时要既要注意整体性又要做好协调性。有效的产业政策是产业结构优化的有效保障。天津市在制订产业政策时既要统筹考虑第一产业、第二产业、第三产业之间的协调发展的同步性，又要充分积极遵循市场规划，注意避免传统惯性思维的桎梏；既要注重产业系统整体竞争力的形成，又要处理好局部与整体的关系；既要充分利用好国家层面的产业政策的指导性，又要结合天津市本地特点，因地制宜地制定灵活有效的地方产业政策；既要大力引导好优先发展的产业，又要做好逐步调整退出产业的转型工作。总之，天津市在进行产业政策设计时，要立足于把产业结构调整与企业新旧动能转换结合起来，坚持产业绿色发展理念，协调好各产业之间以及产业内部之间相关要素的配置关系。

5. 促进产业结构优化的消费政策

扩大消费能力和消费水平与产业经济发展和增长之间密切关联。要及时关注社会的消费需求及其变动趋势，既要让产业发展迎合社会的消费热点，又要以有效的消费政策引导社会的消费方向，进而推动产业发展和产业结构优化。因为在很大程度上，社会的消费结构和消费需要将主导产业发展的方向，决定产业生存发展，因此，可以说消费是产业发展的基本动力。产业产品的消费过程也是产业结构优化的重要契机。及时出台创新性的消费政策来引领消费偏好、支持消费过程，对于扩大产业升级和结构调整具有十分重要的意义。第一，为引导社会的消费水平，政府应加大税制改革，以税制变革调节收入的再分配，增强居民收入的可支配能力，进而扩大社会的消费规模。第二，在确保公共产品质量水平的情况下，政府可有计划地加强公共产品的投入，为社会提供更多优质的公共产品，比如，政府不断提升公共基础设施的投入，为社会提供更好的公共服务；政府也需要加强医疗、教育、文化等公共产品设计，增强社会的消费信心和需求。第三，加大居民绿色消费的政策倾斜。现代产业发展方向是走绿色、低碳的发展道路。通过引导居民的绿色消费来促进产业绿色转型、改善产品供给结构非常重要。对于消费绿色产品的居民在经济上要给予一定程度的激励，比如在购买新能源汽车方面可以再加强鼓励的力度；在绿色建筑领域也可出台一些消费激励措施，推动绿色建筑产业发展等。第四，培育和壮大新的消费热点，引领产业变革。根据社会消费能力以及现代经济发展趋势，及时培育符合现代人需要的新的消费热点是现代社会发展的必然要求。例如，随着信息技术在产业发展中的应用升级，可增加和满足居民的信息消费需求，设计出多样化符合时代特征的新型信息消费产品；同时还要进一步加大电子商务的创新，为社会提供更高服务水平的互联网产品消费升级模式等。第五，在扩大消费需求的同时要保持物价处于相对平稳的状态。价格的持续攀高会严重影响居民的消费信心以及降低居民的实际购买能力，也会在一定程度上降低社会需求水平，因此，在出台相关政策来刺激居民消费需求的同时，一定要注意消费政策对物价变动的实际影响。例如，房地产行业在这方面就有过惨痛的教训，也就是说，在扩大产品消费需求的同时，要注意避免导致价格的恶性上涨。总之，在制定促进产业结构优化的消费政策体系时要坚持系统观和可持续的消费理念，从具体政策上来引领全社会的绿色消费行为，做到消费与生态环境保护的协调发展，做到以消费需求引领产业发展，以消费结构升级推动产业结构升级。

6. 促进产业结构优化的投融资政策

产业结构优化离不开产业投融资政策。建立多元化的投融资政策体系是助推产业高质量发展、提升产业层次、促进产业融合的重要手段。因此，天津市以投融资政策创新来引领产业升级换代、激活产业发展新动能十分必要。具体来说，天津市可从以下方面加强投融资政策创新探索，第一，创新产业发展基金运行模式。产业发展基金的设立可以建立财政资金与社会资本的有效合作模式，撬动更多的社会资本参与产业投资。2017 年天津设立海河产业基金；第十二届（2018）中国国际航空航天博览会举行期间，天津智能航空产业发展基金正式发起成立。为充分发挥产业基金服务产业的功能，天津应进一步加强产业发展基金运行模式创新，形成市场化运作，构建“产业 + 基金”的产业创新发展新模式，不断壮大产业基金规模，推动产业与资本的深度合作。第二，推动有发展潜力的企业上市，实现企业在境内外上市融资。天津市政府要及时出台推动有发展潜力的企业上市的工作进度，通过企业上市奖励政策以及相关扶持政策等措施培育、引导一批企业成功上市。第三，加大金融创新工具，积极支持债券市场、期货市场、信托市场等金融市场的建设，构建多层次融资平台。例如，积极支持优质企业发展企业债券；通过商品期货、金融期货和期货期权交易为产业发展提供多元化的融资渠道；以信托业务的创新满足企业多元化的融资需要等。第四，制订鼓励企业利用外资的措施。扩大利用外资的规模和水平对于促进传统产业高端化发展以及提质增效发展具有积极作用。可在外资准入领域以及外资投资便利化等方面出台支持和优惠措施，吸引外资来天津市投资兴业以及将外资引入到天津市重点发展的产业上。第五，引导民间资本投资产业升级。民间资本是参与产业升级改造的一支重要力量。天津市要建立积极有效的措施激活、鼓励民间资本进入产业领域投资，例如对于投向天津市积极支持和重点发展的产业领域的民间资本，可实施相应的税收减免、财政补贴等措施予以支持，引导民间资本参与产业调整与优化。第六，加强投融资过程中的风险预警及防控机制。产业发展环境具有复杂性和不稳定性，而在产业领域的投融资具有一定的风险性，为加强风险应对，要加强投融资过程的风险监测、预警及规避，及时化解潜在的风险，让有限的投融资资金取得更大的投资回报。第七，强化商业银行金融产品创新。在产业转型调整过程中，商业银行的支持是必不可少的，而创新商业银行支持形式，拓展除信贷之外的金融产品创新来获取产业投融资资金也非常重要，因此，需要商业银行结合产业市场状况及时开发适时的金融产品来帮助产业的融资。

（二）天津市产业结构优化的方法

1. 充分发挥政府在产业结构优化中的政策引领作用

我们知道企业是产业市场发展的主体，而要实现产业结构的优化，不可能完全由产业市场中的企业自我发展来完成。产业结构优化离不开政府有形的手的推动和引导。所谓有形的手即是政府通过制定促进产业结构优化的政策体系来激励、引领产业结构的调整、升级。为充分发挥政府政策宏观调控的功能，需要政府做好以下工作，第一，树立正确的产业发展理念。转变唯“GDP”的政绩观，坚持产业发展的绿色化、生态化、协调化，并将这些理念贯彻落实到实际工作中去。只有坚守了生态优先的发展观，才能为产业结构优化提供正确的发展方向。因此，政府遵循科学的产业发展理念是政府引导产业结构优化的基本前提。第二，要充分发挥好政府产业发展政策的指挥棒作用。以政府产业发展政策助推产业结构优化，注重促进产业结构优化的政府产业发展政策体系之间的系统性、互补性、激励性、连续性、引导性，明确优先发展产业、重点发展产业的支持政策以及落后产能产业的退出机制，为产业有序协调发展创造和谐的政策环境。第三，政府要加强产业市场的知识产权保护工作，做产业市场公平发展的裁决者，及时破除产业间发展的壁垒，维护好产业均衡发展链条，规范产业市场行为，营造公平竞争的产业发展空间，为产业结构优化提供坚强的法律保障。

2. 加快产业技术自主创新，激活产业市场活力

产业技术自主创新能力如何决定产业结构优化调整能否取得成功。不断提升产业技术自主创新水平是优化产业结构的关键因素。第一，要持续增加技术自主创新的研发投入。加大研发投入是产业技术自主创新的根本保障，技术创新前期需要大量的设备以及实验过程，如果没有足够的资金供给，前期的技术研发很难开展并取得实质性的成就。第二，注重及时将技术成果转化为现实的生产力。产业技术自主创新成果是服务于产业发展以及产业结构优化的，只有及时将产业技术自主创新成果应用于产业实践，才能真正将产业技术自主创新成果变成产业发展的优势，才能将技术专利这样潜在的生产力变成现实的生产力。第三，要以关键领域技术创新为突破口，实现关键核心技术的主导权。产业发展的关键是技术创新。要提升产业竞争力以及产业结构的优化，必须牢牢掌握核心技术。因此在针对关键核心技术攻关时，既要注重引进消化吸收，避免使自己少走弯路，更要注重产业技术的原始创新，只有这样才能为产业发展带来革命性的变革。第四，在产业技术自主创新中要做好政府、企业、高校和科研院所的分工与配合。产业技术自主创新离不开政府、企业、高校和科研院所的协同参与，政府以政策促进政产学研的深度合作，企业是技术创新成果实践的前沿阵地，高校和科研院所为技术创新提供智力支持。

3. 以产业绿色转型助推产业升级，促进产业高端化发展

绿色产业是符合生态文明发展要求的环保、节约、清洁、高效的产业，是现代产业发展的必然选择。产业绿色转型是实现产业升级换代，推动产业结构优化

的根本要求。第一，天津市要结合本地的资源禀赋以及已有的产业布局特点，做好产业绿色发展的前瞻性规划，以产业绿色发展规划引领产业绿色转型实践，并且绿色产业规划一经完成不要轻易变动，避免出现一届政府来一次产业规划的发展怪圈，保持产业绿色规划执行的严肃性、连续性，除非必须做规划调整的，必须经过充分的论证和严格的规划调整程序。第二，天津市要以产业绿色发展规划为统帅，做好已有产业体系的绿色改造，全方位构建绿色产业发展链，及时抢占产业绿色发展的制高点。天津市要充分利用好本地的制造业发展优势，将绿色理念融入制造业的发展全过程，坚定不移地走低排放、低污染的产业发展模式，当然，天津市还要进一步培育和壮大绿色农业、绿色服务业，以绿色打通产业发展的经脉，为天津产业的高质量发展奠定坚实的基础。第三，产业绿色转型要注重加大绿色发展理念的宣传，形成全社会绿色生产、绿色消费、绿色出行、绿色建筑等深厚的绿色实践氛围。第四，进一步发展好静脉产业是天津走绿色发展之路的基本步骤。随着城市化的进一步发展、城市产业体系的规模扩张以及资源有限性特点，天津市需要进一步加大静脉产业的深度发展，以期实现社会经济的循环可持续发展，这是绿色发展的重要组成部分。

4. 完善产业投资环境，建立京津冀区域间产业合作联盟

天津市要实现产业结构的优化仅靠自己孤军奋战很难完成。天津市既要充分利用好京津冀协同发展战略提供的发展机遇，又要不断为产业发展创造良好的投资环境。第一，天津市要进一步加大交通基础设施的建设，为产业发展提供良好的交通环境。产业发展离不开物流交通。便捷的、立体化的交通运输网络是产业发展的重要基础。为此，天津市需要在国家支持下做好轨道、公路、水路等交通线路的规划建设，实现与京津冀乃至全国以及全球的无缝连接。第二，营造良好的政策法制环境。天津市结合产业发展定位，进一步做好促进产业发展的政策法制创新，以良好的政策法制环境助力打造营商环境。第三，优化人才发展环境，为产业发展提供人才支撑。人才资源是产业发展的核心资源。人才是产业发展中最积极、最活跃的因素。只有有了一流的人才，才可能建设一流的产业。这需要天津市加大人才引进、培养、激励制度体系的完善，创新人才开发方式，为产业发展提供坚强的人才保障。第四，以京津冀协同发展为契机，建立京津冀产业合作联盟，促进区域间的密切合作。京津冀协同发展明确了北京市、天津市、河北省各自的功能定位及任务，特别是天津市和河北省要承接、疏解北京市部分产业。通过进一步建立三地的合理分工，既使三地错位发展，又能够实现互补发展，同时在发展中还要以产业合作联盟来达到资源、信息、技术的共享，这既加强了相

互之间的协同合作，又为天津市产业结构优化创造良好的条件。

5. 以产业园区建设为载体，构筑产业升级的新平台

产业园区是产业升级发展的客观需要。天津市需要加快产业园区建设，明确各产业园区的布局及功能。以产业园区为抓手，促使产业向园区聚集，助推产业集群化发展，不断增强产业园区的吸纳效应，打造和培育园区产业链经济。合理规划园区的土地利用模式，提升园区土地利用率。加快推进各产业园区标准厂房及配套工程建设，进一步增强产业园区的承接能力。强化特色产业园区建设步伐，并将特色产业园区建设与天津市承接北京非首都功能有机结合起来，将优势产业、新兴产业引进到产业园区中来。同时，要使产业园区走差异化的发展之路，并根据天津市产业现状确定好各产业园区的特色及发展目标，在结合市场需要的基础上制定产业项目发展目录，依据产业项目的成熟度，建立差异化的培育策略，做到产业项目建设与产业园区功能相契合，产业园区建设与产业结构优化相互促进，同时还要加大产业园区的服务功能建设，以此进一步扩大产业园区的集聚效应，吸引更多优质的项目落户产业园区。另外，积极构建和完善产业园区共建共享机制，建立京津冀间产业园区互通与协同创新模式，从而达到以产业结构优化为目的的相关产业在不同产业园区间的迁移，实现各方的互利共赢。最后，对于技术含量高以及成长型的中小企业、民营企业也要给予一定的入园政策倾斜，这些企业也是推进产业升级的重要依托力量。

6. 深化政府管理体制机制创新

深化政府管理体制机制创新是推进产业结构优化的重要保障。天津市在推进产业结构优化过程中需要在政府管理体制机制创新方面做进一步探索，以此为产业结构优化提供必要支撑。第一，建立跨行政区的产业经济管理部门，为产业一体化发展坚强保障。天津市各区都非常重视产业发展，但容易形成区块分割的弊端，导致各区仅从各自自身的角度规划和设计产业结构，也不利于协同创新和跨区域配置技术资源。因此，天津市可在保持现有管理模式的基础上，围绕产业建立跨行政区的产业经济管理部门，加强各区间的产业协同发展以及相互间的紧密合作，确保同一产业在天津发展的政策一致性，也避免了产业重复招商等，同时也有利于整合不同行政区产业发展力量。第二，根据经济社会发展需要，适时深化政府职能改革，进一步简政放权，减少对产业活动的过多管控，充分发挥市场在资源配置中的决定性作用，明确政府在产业发展中的管控边界，彻底摒弃阻碍产业发展的行政壁垒，形成以市场机制倒逼产业结构调整的生态系统，建立与我国社会主义市场经济发展相适应的政府治理模式。第三，积极构建以市场

为基础的决策体制，明晰国有企业在产业市场发展中的决策权、执行权和监督权，进一步完善国有企业的法人治理结构，为国有企业发展提供坚强的体制机制保障。

四、天津市产业发展的趋势研判及理性思考

（一）天津市产业发展的趋势研判

1. 产业融合的步伐呈现进一步加快的趋势

产业融合是推进产业结构转型升级、提升产业发展效益以及形成具有竞争力的产业链的有效手段。产业融合本质上就是产业创新的具体体现，是加强产业之间的分工与合作的必然形式，是进一步提升产业生产力发展空间的内在要求。天津市作为北方经济中心，目前正处于经济转型的重要机遇期，如何更好地推进产业结构的成功转型，实现引领和带动京津冀都市圈经济良好发展格局，产业融合将是实现上述目标的重要方法。通过区域间产业融合度的进一步提升，强化产业间分工与合作的效率，实现产业间协同发展，增强产业的辐射带动力，对于优化产业结构以及形成新型产业发展模式意义重大。当前互联网技术的迅速发展，基于互联网的产业跨界融合趋势明显加强，也就是说互联网为产业融合提供了新的发展路径。以互联网为基础，产业间相互融合的力度在进一步加快，特别是互联网已经正在改变传统的产业发展模式，为产业间的互通互联架起了一座合作共赢的桥梁。因此，天津市要抓住和紧跟基于互联网为纽带的产业间融合发展新趋势，进一步推进各产业间的交叉融合和深度渗透，加快构建基于消费者需求的垂直一体化、横向一体化和跨界产业融合体系。总之，基于产业融合来形成经济发展新优势以及优化产业结构是未来的必然选择。

2. 产业结构高技术化地位进一步得到提升

产业结构高技术化是指在产业结构优化配置过程中知识、技术在产业投入中的比重日益扩大，产业发展日益由劳动密集型走向技术密集型，也就是在产业发展中用不断创新的技术来整合配置产业的过程。近些年来天津市非常重视产业技术创新，以及对于高新技术产业的打造，技术创新为天津市产业结构高技术化提供了强大的驱动力，当然技术创新能力越强，产业发展中的技术收益率也就更高。天津市是人才聚集的高地，这里拥有在全国具有相当实力的高校和科研机构，技术创新实力雄厚，为天津市产业结构高技术化提供了人才保障。首先，天津市是传统的老工业基地，通过在产业中进一步融合高技术，对于改善天津市的工业结构意义非同寻常，将从根本上促进天津市工业水平的提升以及资源利用率和劳动

生产率的不断增加，促使天津市走向新型工业化道路。其次，在第二、三产业发展中也日益呈现高技术化特征，这不仅创造了新的市场需求，也为产业升级以及新型产业部门的诞生创造了条件。近些年天津市在大力推进人工智能、新能源、生物医药以及生产性服务业等产业的发展，高新技术将为这些产业的发展起到推波助澜的作用。因此，产业结构高技术化将是天津市产业结构优化配置的重要趋势之一，这将极大的提升天津市产业发展质量，是天津市产业结构优化升级的必由之路。

3. 日益强化产业结构的生态化重构

随着经济社会的深入发展，生态环保的理念日益深入人心，大家都认识到只有坚持产业生态化的发展思路，在产业发展中将生态思想融入产业链的各个环节，才能够实现产业的可持续发展。天津市在产业深度发展以及产业结构持续优化进程中，也已经并将继续坚守产业生态化的发展观，积极打造生态型产业体系，不断提升产业间及产业内结构的生态化水平。天津市在产业结构生态化重构上将不断强化绿色发展理念，将“绿色 GDP”纳入干部考核体系；严把产业进入门槛，加大产业生态化建设步伐等具体举措来进一步夯实产业生态化的发展格局。天津市通过持续强化和实践产业的生态化发展模式，严格遵循人与自然和谐发展的理念以及按照生态经济发展规律推进产业结构转型和优化组合，充分发挥已有产业生态圈的积极功能，不断提升资源能源的循环利用率，将逐步形成一个具有活力和创新的产业生态系统，在此系统内，产业生态链稳定、健康，为实现天津市经济社会的可持续发展以及经济效益、社会效益和生态效益的协调发展提供坚实的基础。因此，产业结构的生态化重构将是天津市产业发展的基本方向之一，通过产业结构生态系统的持续优化，既能为天津市产业发展探索出一个新型的产业发展模式，又能通过产业的生态化改造，把天津市的绿色经济实践培育成新的经济增长点。

4. 产业集群效应日益凸显

伴随京津冀协同发展战略的实施以及天津市作为北方经济中心的定位，天津市产业发展必然面对新的市场化、专业化发展布局，一大批相似或同类产业必然在天津市这方热土继续集聚，形成具有较高影响力的产业聚集区乃至总部经济区。中共中央、国务院于 2018 年 11 月 18 日印发《关于建立更加有效的区域协调发展新机制的意见》，明确提出“以北京、天津为中心引领京津冀城市群发展，带动环渤海地区协同发展”，这对于促进天津市产业集群发展起到积极的推动作用，必将对周边区域产生很强的产业辐射和带动作用。天津市目前正在强化营商环境建设。

2018 年首届中国营商环境评估结果显示，天津市排名第 5[①]。这对于进一步催生天津市产业集群效应意义重大。随着天津市营商环境的进一步优化，越来越多的产业愿意落户天津市，而伴随产业在天津市的进一步汇集，以产业价值链为核心的产业集聚特征日益显现，形成产业地域化现象，为产业集群的形成创造了极为有利的条件。另外天津市的交通、港口优势以及区位条件等也为产业在天津的地理空间聚集提供了便利。因此，随着天津市经济的进一步发展，天津市产业集聚效应将会进一步扩大，产业集群的优势将会进一步释放，加之政府政策引导和技术创新的驱动，天津市的产业集群规模和质量也会进一步增强，这又必然促进天津市产业发展质量和效益的进一步提升。

（二）天津市产业发展的理性思考

1. 正确处理好政府与市场的关系

为更好地促进天津市产业发展，需要正确处理好政府与市场的关系，这是产业发展中必须面对的核心问题之一。我们知道，政府是社会公共事务的治理者，市场活动也是政府治理的范畴之一。在我国传统的计划经济时代，政府对市场活动的干预较多，使得市场缺乏活力，而伴随着我国社会主义市场经济体制的确立完善，市场在资源配置中起决定性的作用，市场主体的地位进一步增强，市场机制在产业优化中的作用日益明显。但是社会主义市场经济体制仍然需要不断深化，也就是说促使市场在资源配置中起决定作用的体制机制需要进一步完善，以更好地发挥市场在经济发展中的应有功能。这也进一步说明，在社会主义市场经济体制完善进程中，需要进一步理顺政府与市场的关系，明确界定政府与市场各自的职责分工。第一，结合天津市 2018 年的政府机构改革，进一步转换政府职能，正确界定政府的责任，把真正属于市场的职责以及不该管的事务交给市场。第二，政府在产业发展中，要超前规划，积极作为，通过制定合理有效的政策引导和规范市场活动，发挥“有形的手”的威力和积极功能。第三，为市场在配置资源中起决定作用创造良好的环境。要让市场机制能够自由地调节产业经济活动，就需要构建良好的营商环境、竞争环境以及有序的市场秩序。为此，也需要加强政府与市场的合作与配合，以期达成市场配置资源效益的最大化。

2. 正确处理好经济发展与生态环境保护的关系

天津市在加快产业发展的同时需要正确处理好经济发展与生态环境保护的关系。经济发展与生态环境保护的关系是相辅相成、辩证统一的关系。处理二者关

① http://news.enorth.com.cn/system/2018/12/11/036510102.shtml.

系的关键是坚定不移地实施生态优先、践行绿色发展，推进经济发展与生态环境保护和谐发展。生态环境是经济活动的载体和土壤。没有良好的生态环境，经济活动就必然失去继续快速发展的基础。反过来，经济发展又能为生态环境保护提供必要的物质条件。在现实经济活动中，人们往往忽视二者之间相互依存的关系。在经济发展中，过分强调经济增长，为获取经济的快速发展不惜牺牲环境，而最终的结果，反而是这种日趋恶化的生态环境进一步限制、阻碍了经济的进一步发展。虽然获得了暂时的经济发展，但是由于生态环境破坏限制了经济的可持续发展，这是得不偿失的“眼前经济”。为此，在经济发展中必须充分考虑到生态环境的负荷，不能超越生态环境的承载力而片面追求所谓的经济快速发展，否则必将受到生态自然法则的惩罚，所以经济发展要坚持绿色、清洁、低碳发展理念，将生态环保观落实到经济发展的全过程。另一方面，加强生态环境保护，也必然为经济可持续发展提供了前提和基本保障。加强生态环境保护就是在增强生态环境的承载力，也是在提升生态环境的容量，这为进一步促进经济发展奠定了良好的基础。因此，在经济发展中要注意生态环境的保护，在生态环境保护中也应不忘如何更好地推动经济发展，要将二者有机的统一起来，而不是割裂开来。

3. 正确处理好产业规模扩张与土地资源集约利用的关系

天津市产业经济发展持续向好，产业聚集能力不断增强，一些颇具实力的知名企业以及成长型企业加速在天津市布局，加之现有产业随着发展的需要，产业规模也在不断扩大，产业空间需求剧增。这对产业发展重要承载要素的土地资源提出了更高的要求。众所周知，土地资源是产业发展的一个关键要素。没有土地资源，产业发展就无从谈起。而土地资源是一个有限的资源，加之天津市经过多年的发展积累，可用于产业发展的增量土地资源日渐稀少。因此，采取有效措施提升单位土地资源的利用率对于缓解当前产业规模扩张的用地需要非常必要。也就是说在当前土地资源供给日益紧张的情况下，如何提高土地资源的用地效率，不断提升土地资源的集约、节约水平，来满足产业规模扩张发展需求。合理处理二者之间的关系，既需要合理界定产业发展的用地类型、条件和标准，更需要考核单位土地利用的产出效果，明确土地资源的利用绩效，做好土地资源的优化配置。对于天津市来说，要全面清查现有产业及其用地的实际效果，建立全市不同类型产业用地产出率的统一标准，以产业规模扩张引导土地利用结构的优化，以土地利用向内涵挖潜式的方向转变盘活土地资源，进而缓解土地供需的现实矛盾。总之，天津市进一步理顺好产业规模扩张与土资源集约利用关系是推动经济社会可持续发展的重要内容和基本战略。

4. 正确处理好传统产业与新兴产业发展的关系

天津市在产业发展中必然要面对如何处理好传统产业与新兴产业发展之间的关系。传统产业一直是促进天津经济稳步发展的重要支撑。传统产业是一个历史概念，随着经济发展程度的不同，其内涵和范畴都在不断发生变化。新兴产业则是在传统产业基础上发展起来的，代表了未来的经济发展方向。所以新兴产业是相对于传统产业而言的，并且今天的新兴产业也可能就是明天的传统产业。事实上现代产业的发展既离不开传统产业，也需要培育新兴产业，他们是互补关系，也是经济发展的两只翅膀，需要实现二者之间的融合协同发展，即天津市要适应新经济发展周期，切实推进传统产业的升级改造，同是还要积极培育、壮大新兴产业。天津市是传统制造业的重要基地，例如钢铁、汽车、化工等工业在天津具有较好的发展基础，但面对新经济时代，需要加快技术革新，做好新旧动能转换，实现传统产业的绿色转型，激发产业发展活力。同时，大力发展符合新经济时代特征的新兴产业集群，着力培育新的经济增长点，引领经济发展新潮流，例如，天津市要结合自身经济发展优势，大力培育人工智能产业、生物医药、节能环保产业以及现代生产性服务业等。总之，在处理传统产业与新兴产业关系时，要着力构建二者协同融合发展的机制，形成二者之间相互促进、联动发展的经济发展新格局。

第四章　天津市土地利用结构现状及发展趋势研判

一、天津市土地利用现状与特征

（一）2016 年天津市土地利用总体状况分析

据 2017 年天津市统计年鉴，截至 2016 年底，天津市土地总面积为 11916.85 平方公里，其中农用地为 6843.34 平方公里，占全市土地总面积比重为 58.3%；建设用地为 4143.87 平方公里，占全市土地总面积比重为 34.8%；未利用土地面积为 829.65 平方公里，占全市土地总面积比重为 7.0%。在农用地中，耕地面积为 4369.24 平方公里；园地面积为 297.25 平方公里；林地面积为 548.14 平方公里；其他农用地面积为 1728.71 平方公里。在建设用地中，居民点及工矿用地面积为 3309.26 平方公里；交通用地面积为 300.29 平方公里；水利设施用地面积为 534.31 平方公里。在未利用地面积中，未利用土地为 157.56 平方公里，其他土地面积为 672.09 平方公里（见表 4-1）①。

2016 年天津市土地资源利用总体状况表　　　　**表 4-1**

项目	面积（平方公里）	占全市土地总面积比重（%）
全市土地总面积	11916.85	100.0
农用地	6843.34	58.3
耕地	4369.24	36.7
园地	297.25	2.5
林地	548.14	4.6
其他农用地	1728.71	14.5
建设用地	4143.87	34.8
居民点及工矿用地	3309.26	27.8
交通用地	300.29	2.5
水利设施用地	534.31	4.5
未利用地面积	829.65	7.0
未利用土地	157.56	1.3
其他土地	672.09	5.6

① 天津市统计局、国家统计局天津调查总队 . 天津统计年鉴（2017）[M]. 北京：中国统计出版社，2017.

（二）2013—2016 年天津市各类型土地资源利用结构现状分析

土地资源利用结构是土地资源利用类型的最基本的划分。合理的土地资源利用结构是经济社会可持续发展的有力保障要素。因此，如何进一步优化土地利用结构是土地管理的重要内容。看似简单的土地类型划分与组合，既是人类改造自然、改造社会的一种体现，也是人类布局生产活动的系统安排，实质上反映的是一种经济行为和经济现象。深入考察天津市近年来各类型土地资源利用结构状况及其特征对于进一步把握城市化进程中土地利用动态变化趋势，从而更好地指导和决策土地利用具有重要的现实意义。通过收集和研究 2014 年到 2017 年天津市统计年鉴，掌握了天津市 2013 年到 2016 年的各类型土地资源利用面积变化情况（表 4-2）①。

1. 农业用地面积呈不断减少趋势，势必影响耕地保护及生态建设

由表 4-2 可以发现，农业用地中的耕地、园地、林地以及其他农用地的面积均呈逐年下降的态势。这也说明随着天津市城市化进程的进一步推进，对于土地的需要量在不断增加，这必然要在一定程度上侵占农业用地，使得农业用地面积不断减少，特别是近几年来各类型的农业用地面积都在不断减少，其中的耕地面积减少影响到农作物的生产规模，园林、林地面积的减少势必影响到生态保护和生态建设，由此可以看出，天津市加强农业用地保护的紧迫性，否则必然导致农业用地结构的失衡。

2. 建设用地面积呈上升态势，但用地粗放

由表 4-2 可以发现，建设用地中的居民点及工矿用地、交通用地呈逐年增加的态势，水利设施用地相对变化不大。建设用地规模的进一步扩大，必然要侵占到农业用地，同时也将进一步开发整理未利用土地投入到建设用地中来。事实上，天津市在土地利用中，仍存在已批准但闲置利用以及单位土地利用效益低于全国平均水平等粗放利用的状态，由此可以看出，在有限的土地资源上进一步提升土地资源集约利用水平的重要性。只有不断提升单位土地利用的效益，才能更好地迎接当前对于土地不断增长的需求。

3. 城市用地外延性扩张较为迅速

天津市在推进城市化进程中，由于城市具有较强的吸引力以及人才政策的聚集效应，使得天津市城市人口规模在不断增加，进一步促进了建设用地需求，城市外延式扩张是必然趋势。被侵占的农业用地主要是在城乡接合部，土地供需矛

① 天津市统计局、国家统计局天津调查总队 . 天津统计年鉴（2014—2017）[M]. 北京：中国统计出版社，2014—2017.

盾日益突出，但同时又存在建设用地空间开发力度不够，建筑的容积率也不高等问题。天津市应划定农业用地红线，切实提升建设用地的使用效益，着眼于向空间要土地，适度控制城市摊大饼现象的发生，推进土地利用结构的不断优化。

2013—2016 年天津市各类型土地资源利用面积（单位：平方公里）　表 4-2

年份	耕地	园地	林地	其他农用地	居民点及工矿用地	交通用地	水利设施用地	未利用地	总面积
2013	4392.78	306.71	555.86	1806.39	3207.41	258.30	533.54	855.87	11916.85
2014	4383.10	303.98	552.62	1769.86	3251.75	274.29	533.37	847.88	11916.85
2015	4371.82	302.43	550.95	1757.09	3276.12	283.86	533.35	841.24	11916.85
2016	4369.24	297.25	548.14	1728.71	3309.26	300.29	534.31	829.65	11916.85

（三）2013—2016 年天津市土地利用动态变化分析

1. 2013—2016 年天津市各类型土地资源利用变化幅度

由 2013—2016 年天津市土地资源利用各类型变化幅度（见表 4-3）① 可以清晰地展示 2013 年到 2016 年天津市各类型土地利用变化面积及变化比例。农业用地与未利用地减少的面积全部用于建设用地面积。从 2013 年到 2016 年，其他农用地减少面积最大，减少幅度达到 77.68 平方公里，占全市土地总面积的比例为 0.65%；居民点及工矿用地增加面积最大，增加幅度达到 101.85 平方公里，占全市土地总面积的比例为 0.86%；建设用地合计增加了 144.61 平方公里；各类型建设用地均出现增加，增加幅度由大到小依次为：居民点及工矿用地＞交通用地＞水利设施用地；农业用地和未利用地均出现减少，减少幅度由大到少依次为：其他农用地＞耕地＞未利用土地＞园地＞林地。

2013—2016 年天津市土地资源利用各类型变化幅度　表 4-3

土地利用类型	2013-2016 变化幅度	
	变化面积（平方公里）	变化比例 %
耕地	－ 23.54	－ 0.20
园地	－ 9.46	－ 0.08
林地	－ 7.72	－ 0.07
其他农用地	－ 77.68	－ 0.65
居民点及工矿用地	101.85	0.86
交通用地	41.99	0.35
水利设施用地	0.77	0.01
未利用地	-26.22	-0.22

① 天津市统计局、国家统计局天津调查总队．天津统计年鉴（2014—2017）[M]. 北京：中国统计出版社，2014—2017.

2. 2013—2016年天津市各类型土地资源利用速度变化分析

依据各类型土地利用动态度来分析2013年到2016年天津市各类型土地资源变化速度，表达式为：

$$K=\frac{U_b-U_a}{U_a}\times\frac{1}{T}\times100\%$$

式中K为研究时段内某一土地利用类型动态度；U_a、U_b分别为研究期初及研究期末某一种土地利用类型的面积，T为研究时段长，当T的时段设定为年时，K的值就是该研究区某种土地利用类型的年变化率。①

依据上述公式并根据2014年和2017年天津市统计年鉴获得的各类型土地利用面积的数据计算结果如表4-4所示②。由表4-4可以发现，8种土地利用类型中动态度绝对值大于1%的达到5个，这说明从整体上来说，研究期内大部分土地利用类型变化速度较大，其中正向增幅变化速度最大的是交通用地，其次是居民点及工矿用地，减幅变化速度最大的是其他农地，其次是园地，这说明建设用地对于其他农地以及园地的侵占速度较快。

2013—2016年天津市各类型土地资源利用动态度（%）　　表4-4

土地利用类型	2013年-2016年
耕地	－0.18
园地	－1.03
林地	－0.46
其他农用地	－1.43
居民点及工矿用地	1.06
交通用地	5.42
水利设施用地	0.05
未利用地	－1.02

（四）天津市土地利用结构演变特点

通过梳理近年来天津市各类型土地利用动态变化，认为天津市土地利用结构演变具有以下三大特征：第一，居民点及工矿用地需求及交通用地是土地利用的主导需求，这说明当前天津市正处于城市化快速推进的关键时期，通过各类型土

① 李芹芳，杨震，袁靳慧，等．西安市临潼区土地利用动态变化研究[J].安徽农业科学，2008，36，（2）：689-691.

② 天津市统计局、国家统计局天津调查总队．天津统计年鉴（2014—2017）[M].北京：中国统计出版社，2014—2017.

地利用的动态调整，既是满足当前经济社会发展的需要，也是进一步来优化土地利用结构的过程。第二，建设用地规模不断扩大会进一步加剧农业用地的紧张局面，人地矛盾日益凸显。这是区域发展过程中必然要经历的阵痛。同时，在发展中天津市已加大了土地利用的技术创新力度，强化土地集约利用率来缓解建设用地供给面临的压力。第三，促进土地利用结构变化的因素是多元的，但其中人类活动的因素是最主要的影响因素。影响土地利用类型变化的因素有很多，既有外部因素，也有内部因素，既有政府政策影响的因素，也有城市人口增加、科技创新、发展理念以及土地特性等社会因素和自然因素，但其中人类的社会实践活动是影响土地利用类型变化的最主要、最积极的因素。

二、天津市土地利用的 SWOT 分析

（一）天津市土地利用的优势

1. 天津市政府职能转换进一步理顺了土地利用规划职能

天津市政府于 2018 年 11 月公布了经党中央、国务院批准的《天津市机构改革方案》，该方案立足于遵循完整统一和精简高效的基本原则，其中新组建成立了天津市规划和自然资源局，将政府规划职能和土地利用管理职能划归到一个部门进行统一管辖，既强化了土地利用的规划引领职能，又更好地履行土地利用管理的执行职能，深化了土地利用规划管理体制，为土地资源管理提供了坚强的组织保障。在此次改革方案出台之前，土地利用规划职能和土地利用管理职能分属于两个不同的政府部门管理，使得在土地利用规划与实施方面存在相互脱节的问题，为土地资源的整合及集约利用带来障碍。而新的规划和自然资源局的成立，可以很好地促进国土资源的统筹利用，促使土地规划和资源配置以及城乡土地统筹利用、管制约束等方面可以更加有序衔接，避免了各部门管理职能重叠以及政出多门现象的产生，这对于优化国土资源开发利用具有极其重要的意义。

2. 国家和天津市政府制定了一系列土地利用管理的法律法规

世界各国的经验表明，要做好土地资源管理工作，必须立法先行，只有建立了完备的政策法规体系，才能从根本上保障和指导土地资源管理工作有序开展。我国也不例外，经过多年立法建设，在土地利用管理方面已经制定了比较完备的法律法规，为土地资源集约利用提供了法规制度保障。从国家层面来看，已制定的法律法规有《中华人民共和国土地管理法》《节约集约利用土地规定》《建设项目用地预审管理办法》等；从天津市层面来看，已制定的法律法规有《天津市进一步加强耕地占补平衡统筹管理的实施意见》《天津市土地利用总体规划实施管理

办法》《天津市临时用地管理办法》等，这些法律法规的出台为天津市土地利用管理创造了良好的法制环境，并且根据经济社会发展阶段的不同要求，不断及时完善一些已有的法律法规，并适时出台一些新的法律法规，使得土地利用管理有法可依，有章可循，保障了天津市土地资源管理工作步入法制化轨道。

3. 天津市深入贯彻生态文明建设战略思想，不断强化土地生态化建设

习近平总书记对生态文明建设提出一系列重要论述，深刻阐述了生态文明建设的重要意义、内容和方法，为新时代生态文明建设指明了方向。天津市委和市政府深入贯彻落实和积极践行习近平总书记生态文明战略思想，把生态保护放在经济社会发展优先发展的战略地位，积极推进土地生态化建设，并取得生态建设的重要成果，例如，天津市委书记李鸿忠同志先后5次到七里海湿地进行调研并召开现场办公会，就保护七里海湿地重要生态资源做出明确指示[①]，为此宁河区大力实施天津市七里海湿地生态保护修复规划，加强生态涵养区建设，坚决护好“京津绿肺”；2018年5月28日，市人大常委会表决通过了《天津市人民代表大会常务委员会关于加强滨海新区与中心城区中间地带规划管控建设绿色生态屏障的决定》[②]，规划面积约736平方公里，这对于建设生态、绿色、宜居、人与自然和谐共生的现代化天津具有重要功能。天津市积极推动土地生态文明建设，注重发挥土地的生态功能，为天津市土地集约节约利用打下良好的生态基础。

（二）天津市土地利用的劣势

1. 城乡土地利用规划结构存在不合理状况

合理的土地利用规划结构是经济社会可持续发展的重要基础。近年来，天津市城市化发展速度较快，对土地利用的需求大大增加，使得城市区域不断向外部扩张，导致在土地利用规划结构方面产生了一些不合理的状况，主要表现在：房地产用地持续增长、比例偏大，商业用地比例收窄，城市道路用地未能适应居民交通的实际需要，农业人均耕地低于全国平均水平，城市向外部扩张导致部分耕地被挤占现象，林业绿化用地比重较小，并且农业内部用地结构比例也存在不合理的现象，工业用地占比偏高，但利用率较低，在不同程度上还存在房地产用地、工业用地闲置未利用的情况等，这些情况的产生导致了天津市土地利用结构的不平衡，未能较好地发挥土地利用的综合效益，产生这种状况的根本原因是在土地利用结构与城市整体发展、生态建设等实际需求之间缺乏整体性和前瞻性设计。

2. 城市化进程进一步加快导致城市土地资源承载压力加剧

① http://tj.people.com.cn/n2/2018/0523/c375366-31616176.html.

② http://www.tjrd.gov.cn/rdzlk/system/2018/10/30/030010838.shtml.

随着城市化进程的持续推进，城市人口规模不断攀升，天津市也不例外，天津市作为全国四大直辖市之一，城市的教育水平、医疗卫生水平、基础设施建设等都处于全国前列，因此，天津市的人口吸引能力较强。随着天津城市人口规模的扩大以及城市“摊大饼”式的快速扩张，对于城市土地需求也呈不断增加的态势，而既有的土地资源是固定的和有限的，即有限的土地资源难以适应和满足城市化进程对土地的无限需求，使得城市土地资源供需矛盾日益凸显。因此，这就对土地资源承载力带来前所未有的挑战，也就是说为缓解这种土地资源短缺的现象，需要不断提升单位土地的承载能力，而土地资源的承载能力也是有限的，超负荷地运转土地资源的行为必然产生一系列不良后果。不管怎样，人类的活动必须在土地资源的承载负荷范围之内，需要与土地资源的承载能力相协调，这样才能提升单位土地面积的利用率。天津市作为我国北方的工业重镇，在工业化、城市化发展进程中需要高度重视土地资源面临的日益严峻的承载压力过大问题，否则将会影响到天津市经济社会的可持续发展。

3. 土地资源集约利用的效率还不高

土地资源作为人类活动重要的载体和资源，其利用的效率直接关系到经济社会发展的水平。天津市在经济社会快速发展进程中，仍然存在着土地资源集约利用不充分、粗放利用的问题和现象，例如，有的建设用地强度不高；有的耕地用于非农业开发；存在已批的土地闲置未开发现象或者开发速度慢；地下空间开发程度和利用率明显偏低，给地上空间利用带来压力；城中村问题仍未完全解决，城市拆迁力度还不够大，有的区域虽已列入拆迁范围，但多年未见有明显进展，使得城市大片棚户区土地没有完全发挥其应有的土地价值；有的工业用地存在浪费现象等。而土地资源的稀缺性、有限性及价值性，需要在土地资源开发利用中提高利用度，在土地资源承载负荷内不断提升土地开发强度，因此，天津市需要认真研究土地开发利用中存在的短板，加大土地利用政策引导功能与激励机制创新，真正实现有限的土地资源的高效化和集约化利用，最大限度提升土地资源利用价值。

（三）天津市土地利用的机会

1. 天津滨海新区开发开放战略为土地管理改革提供历史性机遇

天津滨海新区规划面积2270平方公里，具有良好的生态环境和丰富的资源储备，拥有水面、湿地700多平方公里，有1214平方公里可供开发利用的盐滩碱地，这在中外大中城市中是很少见的[①]。国务院已对天津滨海新区开发开放作出了全面

① http://www.bh.gov.cn/.

部署。国务院《关于推进天津滨海新区开发开放有关问题的意见》（国发〔2006〕20号）明确指出："支持天津滨海新区进行土地管理改革。在有利于土地节约利用和提高土地利用效率的前提下，支持天津市在促进土地资源利用和管理方式进行改革性实验。"这为天津市进行积极探索土地资源利用管理新模式以及在城市化进程中如何将对土地资源的"增量需求"向"存量挖潜"转变上提供了先行先试的"国家机遇"①。2013年5月15日，习近平总书记在天津考察时强调，"天津要充分利用滨海新区平台，先行先试重大改革措施，努力为全国改革发展积累经验。"②习近平总书记的讲话为天津滨海新区在土地管理改革领域的先行先试指明了方向、开阔了思路。天津市需要抓住滨海新区开发开放这一重要战略机遇期，在土地管理领域做出积极有效的实践探索，为全国提供一个可资借鉴的典范和样本。

2. 乡村振兴战略为激活农村广阔的土地资源市场提供了重要契机

2018年1月2日，中共中央、国务院发布《中共中央国务院关于实施乡村振兴战略的意见》；2018年9月26日授权播发了中共中央、国务院印发的《乡村振兴战略规划（2018—2022年）》。乡村振兴战略是党中央提出的一项重要战略，事关农村、农业、农民的长远发展，也是引领乡村高质量发展的重大决策部署。而乡村的发展离不开土地资源，土地资源是农村发展的核心资源，只有盘活农村的土地资源市场，才能真正推动农村发展驶入快车道。乡村振兴战略为激活农村土地资源市场提供了有利的时机。因为乡村振兴离不开产业支撑，也就是说产业兴，乡村才能兴，而农村的产业不论是农业、工业还是现代服务业，都离不开宝贵的土地资源这一根本载体，特别是农村的农业发展，更视土地为命根子，那么要兴旺农村的产业唯有深化农村土地制度改革，恰逢乡村振兴战略的实施可以进一步改革农村土地资源管理制度、创新土地资源政策、流转土地资源市场、优化土地资源配置。天津市农村作为乡村振兴战略中的重要组成部分，要充分抓住这一难得的历史机遇，以切实做好三农与土地的关系为重要抓手，用活、用好农村宝贵的土地资源。

3. 土地利用的新方法、新技术不断出现为土地科学管理创造良好的条件

随着土地利用技术领域的快速发展和时代进步，土地利用的新方法、新技术得以不断创新，为土地科学现代化管理提供了重要的方法和技术支撑，可以大幅度地提升土地科学管理的效率和水平。土地调查中利用遥感技术、全球卫星定位方法、地理信息管理系统等技术和方法可以为土地科学管理采集可靠翔实的基础

① 姜仁良．天津市土地资源利用与生态环境保护耦合研究[M]. 北京：中国城市出版社，2014：57-58.

② http://tj.people.com.cn/n2/2018/0515/c375366-31577865.html.

数据；大数据分析技术可以高效率地完成土地利用规划中纷繁复杂的信息，提升土地管理数据处理能力和信息提取能力；现代网络技术为土地管理数据实时共享、快速传输提供了技术保证等。这些新方法和新技术的不断涌现，为天津市进一步做好土地科学管理注入了新的活力，将天津市土地科学管理不断推向新的发展阶段提供了有利的条件。为此，天津市在土地管理领域要加强人才队伍建设，及时应用这些新技术、方法，增强土地资源数据分析和土地集约利用能力。

（四）天津市土地利用的挑战

1. 土地利用的生态效益不高，制约了天津市经济社会的可持续发展

近些年来，天津市经济发展较快，取得了较丰硕的经济发展成果，但经济在快速发展的同时未能做好生态环境保护，也就是土地利用的生态效益不高，主要表现在城市空气污染严重，雾霾天气频繁；因粗放式生产导致土地壤污染现象突出，耕地土壤质量呈下降趋势，城市地表水体受到严重污染；热岛效应日益显现；个别区域土地沙化现象频现；城市生态空间布局不合理等。这些问题的出现主要是由于土地利用规划管理不科学，未能充分重视和发挥土地的生态功能。虽然在土地利用中不注重土地生态建设可获得暂时的经济效益，但是反过来这种不注重土地生态安全的行为将严重制约经济的可持续发展，从根本上会阻碍经济发展的后劲。因此，只有在发展中注重土地的生态安全建设，才能为经济社会的可持续发展提供坚实的发展基础。天津市也已经认识到生态持续恶化所带来的严重后果，目前也正在大力修复已损坏的生态，同时也在加大土地利用的转型，最大限度地消除土地利用生态效益偏低的问题。

2. 土地利用与产业发展未能形成协同均衡发展，阻碍了天津市产业结构的进一步优化

产业的发展过程是一个与土地利用密切配合的过程。产业结构的优化是以土地资源合理配置为前提条件的。只有土地利用结构的不断优化，才能为产业结构优化提供根本的保障。天津市在产业发展过程中，未能很好地实现土地利用与产业发展的同频共振，也就是说在产业发展的一些领域出现了土地利用与产业发展的错位配置的现象，导致土地利用未能实现其应用的价值，产业发展也未能达到其应有的收益。并且，长期以来天津市在土地利用与产业发展方面未能形成协同发展的格局，天津市各区县间产业发展不均衡、土地利用规划更是本着各区自身角度考虑较多，未能站在全市利益共同体的视角全面统筹配置土地利用与产业结构的互动融合发展，导致区县之间形成利益竞争的关系；另外，天津市目前把更多的产业发展重点放在滨海新区，其他区域产业发展相对薄弱，因此就目前天津

市来说还未能形成土地综合利用与产业结构的协调共进及其均衡发展。事实上，土地利用与产业发展间存在着相互影响、不可分割的关系，必须将二者紧密结合起来，否则将阻碍产业经济的进一步优化。

3. 天津市建设用地与农业用地之间的矛盾日益凸显，限制了土地均衡利用的空间

随着天津市城市化进程的进一步推进，土地的非农化程度不断加剧，这是不可避免的客观现实情况，但是这也客观上导致了天津市城市建设用地与农业用地之间的矛盾越来越突出，也就是说天津市城市建设用地规模持续扩大必然要侵占到部分农业用地，加之本来天津市的人均农业用地就低于全国的平均水平，伴随农业用地面积的降低、农民所依赖的土地不断减少、农业征地不规范以及有些城市建设项目的盲目性、建设用地利用率不高等实际问题，更加加剧了建设用地与农业用地之间的尖锐矛盾。这种状况的产生一方面制约了天津市农业用地特别是农业耕地的发展空间，也即城市化发展给农业发展形成压力，另一方面也阻碍了建设用地与农地用地均衡配置、城乡均衡发展的客观要求。因此，在城市化进程中，天津市也需要协调好城市化与农业用地保护之间的关系，科学规划城市发展用地需要以及严守基本农业耕地红线，做好用地管控，严禁城市建设无序扩张，切实做到少占耕地，保障农业用地安全。

三、天津市优化土地利用结构的政策及方法

（一）天津市优化土地利用结构的政策

1. 优化土地利用结构的财政政策

优化土地利用结构必然要涉及土地利用类型的调整以及土地使用权在各市场主体之间的流转和变更。通过加快土地使用权流转是提升土地利用效益，改进土地利用方式的重要选择，也是优化经济产业结构的重要路径。但是就目前来说，天津市在土地使用权流转方面也存在着诸如流转规模小、流转积极性不高等现象，为进一步优化利用土地利用结构带来阻力。为解决这一问题，应通过加大财政政策支持力度，扫除影响土地使用权流转中的各种障碍。政府可以采取的财政政策手段主要有财政补贴、财政贴息、财政专项支持资金、财政出资成立担保公司、完善社会保障等方式支持和保障土地使用权流转中的相关主体的权益不受损，例如，为补偿土地使用权在流转过程中价格较低的不足，调动转让主体的积极性，财政可以通过提供适当的价格补贴来进行弥补，让出让方的转让收益得到保障；针对失地农民的土地使用权转让，需要进一步通过完善社会保障制度、加大财政

支持力度等手段来解决失地农民的后顾之忧。

2. 优化土地利用结构的税收政策

土地资源是人类活动最宝贵的资源之一，是经济社会发展非常重要的生产要素。而要进一步优化土地利用结构，土地税收政策是必不可少的调配土地资源的重要工具。土地税收政策不仅能为国家和地方带来相应的财政收入，更为重要的是它通过调节土地资源配置为实现经济社会的可持续发展提供强大动力。天津市在促进土地利用结构优化配置过程中，需要充分发挥土地税收的杠杆作用和调节职能，使用土地税收手段积极化解土地利用中的不合理现象以及引导土地利用由粗放走向集约，激活土地资源市场，破解土地财政困局。从国家和地方层面要充分调研，进一步优化税制结构，适时进行房地产税改革试点以及对于行政划拨的土地开征相应税制等；为加快土地市场流转，可以考虑适度降低土地流转税费；对于一些开发难度较大的边缘区域的土地，可以采取实施税收减免等优惠政策；要加大税收改革力度，简化税种，降低土地流通中的税负水平；合理划分中央和地方土地税权，增强税收的区域综合调节能力。

3. 优化土地利用结构的信贷政策

土地资源和银行信贷资金在推动区域发展中具有十分重要的地位。土地资源是经济发展不可或缺的生产要素之一，而资金也是经济发展的重要生产要素。通过银行信贷渠道是获取经济社会发展资金的重要来源之一。银行信贷支持和促进土地利用结构优化是国家赋予银行的一项基本职责。但是在土地开发利用中如果存在土地资源闲置浪费、开发不力等问题势必会影响到银行信贷资金的盈利性甚至安全性，也会进一步影响到银行信贷支持土地开发利用的信心和积极性。因此，土地利用与银行信贷二者之间具有密切的关联。土地开发利用必须本着优化产业经济、促进社会进步为基本目标任务，而银行信贷在支持土地开发与治理中需要精准选择贷款项目，加大信贷政策创新，以信贷资金引导土地利用结构的优化配置。在具体实施银行信贷过程中，需要慎重选择贷款对象和支持的项目类别，严格贷款资金审批流程，确定合理的贷款抵押对象，必要时可以建立信贷担保基金等多方联保方法以及适度降低贷款利率、土地产权抵押贷款等信贷政策创新，既确保信贷资金的安全可靠，做好信贷资源的风险防范，又要充分发挥信贷资金的杠杆引导功能。

4. 优化土地利用结构的投融资政策

健全的投融资政策可以为土地整治与利用管理吸纳足够的建设资金，为土地利用结构的优化提供充分的资金保证，不仅如此，完备的投融资政策还有利于强化土地市场的调控引导，使土地利用按预先规划有效实施，同时还有利于进一步提升土地资产价值，增加土地的直接收益。天津市在加强土地利用管理时，要积极创新土地利用的投融资政策体系，开拓资金来源渠道和融资模式，明确资金投入的基准，积极培育土地资本市场，构建多元化的土地资产投资主体。由于土地资源开发占用的资金多，仅仅依赖国家的财政投入是无法满足土地开发的资金需要的，因此通过建立政府、金融机构、市场主体等多元主体的投融资模式以及围绕土地产品属性开发出土地信托、土地基金、土地债券等多类型的融资产品类别和吸引民间资本和外资等多种方式为土地开发利用获取大量的资金投入。

5. 优化土地利用结构的产业用地政策

土地利用结构优化需要和产业发展有机地结合起来。土地利用结构的优化必须要做到以产业结构优化为先决条件。土地利用与产业发展相统一的重要基础就是产业用地政策。产业用地政策既影响到产业发展，又对土地利用结构调整起到至关重要的调节作用。天津市是一个传统的老工业基地，在绿色生态发展理念指引下，天津市传统老工业面临向生态型产业转型，同时在当前京津冀协同发展背景下，天津市还要承接一些北京非首都功能的项目以及天津适应新常态、新经济需要重点和优先发展一些新兴产业业态，这些都需要根据新要求及时出台产业用地的新政策，为支持和优先发展以及产业转型发展提供用地保障，例如在传统产业升级改造用地方面要给予优先安排用地指标；新兴产业用地可采取多样化用地方式及灵活的用地政策，如长期租赁、出让、划拨；农村集体建设用地可采取使用权入股、联营等形式参与农村优化发展产业的经营等。

6. 优化土地利用结构的土地价格政策

土地价格是土地市场供需状况的直接反映，也是土地市场价值的表现。土地价格在土地市场交易中处于重要地位，也是政府调节土地供需结构、优化配置土地资源的重要手段。天津市在土地利用结构优化配置中要充分发挥土地价格政策的引导和调控作用，根据天津市土地市场供需变化特征以及综合考虑各种可能影响地价的因素，合理确定单位土地价格标准，例如为加强生态环境保护，对于引进的绿色生态型企业给予优惠的用地价格；对于具有商业和交通优势的区域可适当提升土地价格标准；对于像教育事业、医疗卫生、养老产业、交通、公共文化等具有公益性的项目用地要大幅度降低土地价格标准或减收土地出让金等；对于被征用的土地要给予合理的征用补偿标准等。因此，天津市要结合当前土地市场以及产业发展趋势以差异化的土地价格优化和促进土地利用结构的合理化，以土地结构优化为产业结构优化提升支撑。当然更需要抑制土地价格的过快增长，切实发挥土地价格的经济杠杆作用来推进土地资源的集约节约利用。

（二）天津市优化土地利用结构的方法

1. 强化土地利用规划，从源头上引导和控制用地需求

规划是生产力。合理的土地利用规划能够为推动经济社会发展提供强大的动力。目前正处于经济社会发展转型的关键时期，天津市要结合经济社会发展总体要求及时调整编制土地利用规划，合理确定城市工业用地、耕地、生态用地、交通用地、水利设施用地等之间的用地分配。以土地利用规划的刚性引导好天津市城市化以及工业、农业等的发展布局，发挥土地利用规划的宏观引领功能。天津市在土地利用规划中要重点做好城乡产业发展规划以及城市发展规模的控制，适度控制建设用地的土地供应，避免城市无序扩张以及确保农业用地的红线标准不能突破，当然在土地利用规划满足现实需求的前提下还要为城市后续发展预留土地利用空间，充分考虑城市当前发展与未来发展的关系，科学规划好每一寸土地，划定好各类型土地的界线，明确各类型土地的用地标准。科学权威的土地利用规划是优化土地利用结构的基本前提和有效保障。

2. 健全土地流转机制，形成规范统一的土地流转市场

健全土地流转机制对于建立规范统一的土地交易市场以及实现土地要素的优化配置具有重要功能。天津市在优化土地利用结构过程中，要注重土地流转有序开展的制度建设，构建以市、区级政府为主导的土地流转交易信息发布机制，确保土地流转交易公开公平公正；建立土地流转交易价格的评定机制，组建由土地专家、土地一线专业人士等共同组成的交易价格评定委员会，定期评定发布土地流转交易价格的最低标准，在确定了土地流转交易价格的最低标准后，还要注重利用市场机制完成土地流转过程，充分发挥市场的力量切实提升土地流转的效率和效益；对于农地的流转要在明确农地的基本属性和职能的基础上，充分发扬民主，了解农民的真实意愿，坚决杜绝违背农民意愿的强制流转行为。为做好农地流转还需要建立农地流转的补偿机制，确保农地使用权流出方的权益不受侵犯。通过强化土地流转机制，为进一步提升土地资源的市场配置效益及城市化与土地利用的深度整合提供了条件，为规范土地市场交易行为、优化土地利用结构提供了基本遵循。

3. 完善土地储备制度，促进土地合理配置

土地储备制度借助市场机制的“无形之手”和政府公共政策的“有形之手”的双向调节优势，通过收购、置换、外迁等多种方式有力地盘活了存量土地，既有效地保障了土地市场的土地供应，又可以优化土地资源配置，推动土地利用结

构由不均衡走向均衡状态。天津市在优化土地利用结构时需要充分发挥土地储备制度的优势，将闲置以及不合理利用的土地和其他形式需要再整理交易的土地通过回收等途径集中收购整理再开发，明确土地利用类型和职能后再次投放土地市场。由此可见，完善的土地储备制度是优化土地利用结构、提升土地利用效益的重要方法。而土地储备制度的建设，既需要立法层面强化顶层设计，又需要有足够的资金来源保障以及明确收购、出让、置换等土地交易的具体操作步骤以及相应的监管规则等，确保土地储备制度运行的规范性和可行性。

4. 加强土地整治力度，提升土地利用价值

土地整治是对土地的二次开发整理再利用，也是土地自身的一次价值提升。通过土地整治重新整合土地利用类型以及使土地利用条件达到最优化的状态，进而引导土地供给结构更好地适应和满足经济社会发展需求，因此，通过土地整治可以改善土地供给空间，使土地供给结构更有效地融入区域转型发展之中。实际上，土地整治提升了土地要素的价值，优化了土地的供给结构，进而也促进了土地利用结构更趋合理化。天津市区域土地质量参差不齐，既有盐碱地，也有山区荒废土地等，土地整治工作既是非常必要的工作，也对改善土地利用价值具有重要意义。天津市要结合自身区域土地特点，探索差异化的土地整治利用模式，例如，山区土地整治应围绕提升土地生态涵养为目标，农村地区土地整治应助推农业现代化为根本目的，城区土地整治以提升土地的综合承载力为方向等。通过土地整治构建更优的人地关系，进一步激励土地要素的供给活力。

5. 加强土地空间立体化利用，合理利用地上地下空间资源

土地空间的立体化利用就是将土地的上空、地面和地下空间资源统一起来进行全面系统的开发利用，达到提升土地资源利用容量，增加土地供给空间，有助于改善土地资源的供给结构，为土地资源的优化配置提供了更为有利的条件。近年来天津市也在大力加快城市建设，城市化水平进一步提高，但天津市城市化发展所依赖的土地资源毕竟是有限的，土地短缺对于城市化进一步发展的制约日益凸显。同时老城区有的土地空间容积率较低以及中心城市人口密集区土地空间资源利用率不高等，强化地上地下空间资源的利用非常迫切。因此，为了克服城市发展与土地资源约束之间的矛盾以及尽可能地利用土地的空间资源，天津市在土地规划中应着眼于土地空间的立体化利用，向地上地下进一步拓展发展空间，扩大城市发展的空间延伸力度，既增强了土地资源的利用价值，又提升了土地资源的集约性以及调整了土地资源的使用状况。

6. 加快土地利用方式创新，推进土地资源高效利用

不同类型的土地具有不同的土地利用方式和利用功能。虽然各类型土地适合的土地利用方式具有差异性，但面对土地供给的紧张局面，各类型土地都需要加大土地利用方式创新力度，推动各类型土地利用效益均衡提升，为挖掘土地利用价值和促进土地提质增效，进而达到优化土地利用结构的效果。天津市在经济社会快速发展过程中，既存在土地粗放利用的现象，又存在土地利用类型与土地利用功能匹配度不高的问题，既存在土地门槛不高的现象，也存在土地利用城乡“二元结构”的问题，为解决这些影响土地利用效益，进而制约各类型土地均衡发展的问题，天津市需要加快土地利用方式创新力度，坚持土地利用方式由粗放向集约方式转变，坚持产业结构转型引导土地利用方式转变；坚持生态循环式土地利用方式；坚持城乡一体化的土地利用方式等。只有紧随时代步伐坚持土地利用方式的持续创新，才能进一步挖掘土地所蕴藏的潜力，实现高效集约利用土地，进而促进土地利用结构的均衡发展。

四、天津市土地利用趋势研判及理性思考

（一）天津市土地利用趋势研判

1. 更加注重土地利用的生态安全建设

土地利用只有处于一种稳定平衡的生态安全保障下才能为经济社会发展持续创造价值。人类在长期的社会实践中深刻地认识到加强土地利用的生态安全建设的极端重要性，否则一旦土地生态安全面临危机或威胁，势必影响或制约经济社会的可持续发展。天津市在土地利用过程中将继续把土地生态安全建设作为一项长期战略放在一切发展中的首要位置。天津市只有平衡好、建设好土地生态系统，才能充分发挥和利用好土地资源的承载能力。因为，土地生态安全既是经济社会发展的物质基础，也是实现可持续发展的基本前提。在未来发展中，天津市在土地利用中将把土地生态安全放在优先发展的重要位置。因此，天津市土地利用的趋势之一就是更加注重土地利用的生态安全建设。

2. 更加注重发挥市场机制在土地利用配置中的决定功能

在土地利用配置中仍然存在非市场化的现象，这种现象所导致的弊端日益显现，特别是政府利用行政力量直接参与土地市场所引起的权力腐败问题也是层出不穷。事实上，只有将作为经济发展要素的土地资源真正按市场运行法则进行交易，才能公平公正地实现土地利用的配置。市场机制既是土地利用合理配置的基本动力，也是调节土地市场供求平衡的重要法宝。在社会主义市场经济体系下，只有充分发挥市场机制在市场配置中的决定作用，才能更好地配置资源、促使市

场要素高效公平流动。对于天津市土地利用市场来说，市场机制的作用还未完全发挥出来，使得土地利用的效益还未完全释放。只有将市场机制作为一个重要工具运用于土地资源配置中，才能真正激活天津市的土地交易，优化土地利用的配置。因此，更加注重发挥市场机制在土地利用配置中的决定作用将是天津市土地利用配置的必然选择和发展趋势。

3. 土地要素服务经济建设的价值日益提升

土地要素是经济建设所依赖的基础要素之一。通过不断提升土地资源的集约能力，单位土地利用效益不断增加，土地服务经济建设的功能越来越突出。随着天津市城市化进程的进一步推进，土地短缺问题愈加明显，唯有提升单位土地面积的产出率，加大单位土地的开发利用强度，才能更好地满足当前和未来天津市经济社会可持续发展的需要。因此，天津市在未来土地利用过程中，更要精打细算，合理规划利用好有限的土地资源，强化土地集约利用水平，提升土地使用价值，以不断提升的单位土地的产出率增加土地要素的供给能力和服务经济建设的能力，使得单位土地释放出更多的价值。由此可见，未来天津市土地利用中，土地要素服务经济建设的价值贡献将不断提高，这是必然趋势。

4. 进一步深化土地供给侧结构性改革力度

土地资源是人类赖以生存的有限资源。经济社会发展离不开土地资源。但是目前土地利用中存在着各种各样的问题，既有土地污染的问题，又有耕地被侵占的现象，还有土地价格缺失的情况，土地利用方式单一以及集约度偏低等问题，要解决这些问题，只有从源头上来寻求良策，即以土地供给侧改革来化解土地利用中的矛盾和问题。土地供给侧结构性改革是优化土地利用结构的有效办法。通过改革土地供给方式以及增加土地有效供给、重新配置效率低的土地利用方式以及用高质量的供给引导需求等，激励土地利用市场，优化土地供给结构，进而满足土地利用市场多样化的需求。鉴于天津市土地利用市场中存在的各种无效或低效的土地利用状况，只有进一步深入推进土地供给侧结构性改革，明确“为什么供、供什么、怎么供以及需求什么”等核心内容，才能更好地提升土地全生命周期管理效益。因此，深化土地供给侧结构性改革力度是天津市提升土地利用水平的必然选择。

（二）天津市土地利用的理性思考

1. 正确处理好土地利用与生态环境保护的关系

土地是生态环境建设的重要载体，而土地利用势必会影响或改变生态环境系统，特别是无序的土地利用将会对生态环境质量造成不同程度的破坏，甚至是不可逆转的影响，最终威胁到生态环境的安全。因此，科学有效地土地利用是保护生态环境的基本要求，也是加强土地生态安全建设的必要条件。而生态环境系统对于进一步开展土地利用也具有重要影响。良好的生态环境系统能够建立和谐融洽的人地关系，也是土地有效利用的基础。而失去平衡的生态环境系统必然干扰、制约土地可持续利用的效益。因此，协调好土地利用与生态环境保护的关系是天津市土地利用中需要始终关注的焦点问题。只有建立健全土地利用与生态环境保护协同发展的良好关系，才能进一步确保土地生态系统的安全，进而提升生态环境系统的承载负荷，推进经济社会的可持续发展。

2. 正确处理好土地利用与产业结构优化的关系

土地利用与产业结构之间存在着密切的关联。在经济社会协调发展中，土地利用与产业结构必然也需要做到联动协调发展，即二者之间存在着相辅相成、相互促进、相互制约的不可分割的联系，一方的变化必然在另一方的变化中体现出来。因此可以认为土地利用与产业结构之间构成了一个完整有机的系统。土地利用是产业发展的载体。合理的土地利用能为产业可持续发展以及产业结构优化提供物质保障和必要条件。而产业发展规划必然也会对土地利用提出要求，进而影响或促进土地利用结构的调整方向。天津市在土地利用中必须做好土地利用与产业结构之间的联动发展关系，土地利用决不能孤立地进行，必须与产业结构一起优化升级，做到融合发展，使二者在互动发展中相互促进，在合作中相互受益。

3. 正确处理好土地利用与城市化发展的关系

城市化是现代经济社会发展的必然结果。土地是城市化的发展基础。随着经济社会的进一步发展，城市化率必然进一步提高，由此促使城市用地需求日益攀升，特别是城市向外延的进一步扩张，导致大量农业用地性质的改变，使得土地利用与城市化发展之间的矛盾日益紧张。土地利用与城市化发展之间具有相互依存、相互影响的关系。土地利用要为城市化发展提供支撑，城市化发展要以土地为基本依托，二者在发展中要互为条件。天津市作为大型城市，城市化进程较快，土地需求量较大，城市化发展中人地矛盾较为突出，其中最为主要的原因就是土地利用与城市化发展间还未做到均衡协调发展。因此，在城市空间扩展的过程中，协调好土地利用与城市化发展的关系是现代经济发展中的重要命题，需要结合天津市的实际寻求，谋求二者互动有效发展的具体方法。

4. 正确处理好土地资源内部结构之间的配置比例关系

土地资源具有多种使用类型，具体来说有建设用地、耕地、林业用地、公园用地、牧业用地、道路用地、水利用地、商业用地等类型，这些不同的用地类型反映了其所承载的不同的功能。土地利用结构的合理化实际上就是指在土地资源内部结构中如何合理地分配各类型土地的用地比例。经济社会发展的用地需求最终反映到土地资源内部结构的类型划分上。土地资源内部结构的优化可以最大限度地释放各类型土地的使用价值，做到既节约了土地资源，又确保了经济社会发展的需求。如何做好土地资源内部结构的动态调整与优化，如何平衡好各类型土地之间的协同发展关系，如何以土地利用结构的差异性和合理性配置来引导和促进经济社会的可持续性发展，这些都是天津市在土地利用过程中需要深入研究的核心议题。只有均衡处理好各类型土地的配置使用，才能更好地发挥土地资源的利用效能。

第五章　天津市产业结构与土地利用结构关系的实证研究

一、研究方法——多元线性回归分析

（一）多元线性回归分析基本原理

1. 多元线性回归模型是指含有多个自变量的线性回归模型，用于解释因变量与其他多个自变量之间的线性关系。

线性回归的一般数学模式是：$Y_i=\beta_0+\beta_1\chi_{i1}+\cdots+\beta_p\chi_{ip}+\varepsilon_i$，$i=1,2,\cdots,n$

式中因变量 Y 的变化由两个部分来解释：一是由 P 个自变量 x 的变化引起的 Y 的变化部分；二是由其他随机因素 ε 引起的 Y 变化部分。

2. SPSS 线性回归分析过程 x_1，x_2，…，x_p，Y 作了 n 次观测，得到观测值为：

$$x_{i1},\ x_{i2},\cdots,\ x_{ip},\ y_i,\ i=1,2,\cdots,\ n$$

其中 x_{i1}，x_{i2}，…，x_{ip} 分别为第 i 次观测时自变量 x_1，x_2，…，x_p 的取值；y_i 为因变量 Y 的观测值。

3. 回归分析需要对模型中的未知参数 β_0，β_1，…，β_p 作出估计，分别称为回归常数和偏回归系数。偏回归系数表示假设在其他所有自变量不变的情况下，某一个自变量变化引起的因变量变化的比率。

对建立的回归方程进行回归系数显著性检验，即检验假设 H_0：$\beta_i=0$，$i=1,2,\cdots,p$。即第 i 个偏回归系数与 0 无显著差异。检验 β_i 的显著性统计量为 t 统计量。

4. 多元线性回归方程显著性检验的零假设为：

H_0：$\beta_1=\beta_2=\cdots=\beta_p=0$，$i=1,2,\cdots,p$，检验的统计量为 F 统计量，如果检验拒绝 H，则认为回归方程有效。与一元回归方程相同，在多元回归中也使用判定系数 R^2 来解释回归模型中自变量的变异在因变量变异中所占的比率，此时反映的是 Y 的变异由自变量联合解释的比例，因此，称 R^2 为复判定系数（Multiple coefficient of determination）。同时，复判定系数的值随着进入回归方程的自变量个数（或样本容量的大小）P 的增加而增大。因此，为了消除自变量个数以及样本量的大小对判定系数的影响，引入了经调整的判定系数（Adjusted R Square）。

调整的判定系数的公式是：

$$Adjusted\ R^2=\frac{\sum(\hat{y}_i-\bar{y})^2/(n-p-1)}{\sum(y_i-\bar{y})^2/(n-1)}=1-\frac{\sum(y-\hat{y})^2/(n-p-1)}{\sum(y-\bar{y})^2/(n-1)}$$

其中 p 为自变量的个数, n 为观测量的数目。可以看出，自变量个数大于 1 时，其值小于判定系数。自变量个数越多，与判定系数的差值就越大。

（二）多元线性回归分析基本步骤

第一步，根据研究问题，确定因变量与自变量，并初步设定多元线性回归方程。

第二步，估计方程参数，确定估计多元线性回归方程。

第三步，利用统计量对回归预测模型进行各项显著性检验。

第四步，检验通过的，可以利用回归模型进行预测，分析评价预测值①。

二、产业发展与土地利用之间的定量关系研究

（一）第一产业与土地利用之间的定量关系研究

1. 第一产业和土地利用指标选择与基础数据

第一产业是指农业，第一产业所使用的土地类型有耕地、园地、林地以及其他农业用；本研究将第一产业产值选取为因变量，将第一产业所利用的各类型的土地面积即耕地面积、园地面积、林地面积和其他农业用地面积作为自变量；数据采集时间为 2002 年到 2016 年，总共合计 15 年的第一产业产值以及耕地面积、园地面积、林地面积和其他农业用地面积的基础数据；因 2002 年到 2008 年数据中，农业用地里划分为牧草地这个类型，2008 年后取消了牧草地的类型划分，因此，2002 年至 2008 年其他农业用地的数据中包含了牧草地的基础数据，具体基础数据见表 5-1② 所显示的第一产业产值和土地利用面积基础数据。

第一产业产值和土地利用面积基础数据　　表 5-1

年份	第一产业产值（亿元）	耕地面积（平方公里）	园地面积（平方公里）	林地面积（平方公里）	其他农业用地面积（平方公里）
2002	84.21	4785.16	369.54	340.29	1714.86
2003	89.91	4754.80	368.17	359.43	1719.07

① 沈渊 .SPSS17.0 统计分析及应用实验教程 [M]. 杭州：浙江大学出版社，132-148.

② 天津市统计局、国家统计局天津调查总队 . 天津统计年鉴（2003—2017）[M]. 北京：中国统计出版社，2003—2017.

续表

年份	第一产业产值（亿元）	耕地面积（平方公里）	园地面积（平方公里）	林地面积（平方公里）	其他农业用地面积（平方公里）
2004	105.28	4456.41	372.63	365.83	1887.64
2005	112.38	4455.14	373.01	366.31	1882.43
2006	103.35	4452.55	371.23	367.17	1876.23
2007	110.19	4436.9	363.00	363.00	1829.20
2008	122.58	4410.9	354.3	360.7	1800.8
2009	128.85	4471.77	316.4	565.53	1866.46
2010	145.58	4437.04	312.28	561.8	1842.17
2011	159.72	4407.46	308.77	558.17	1823.25
2012	171.60	4392.78	306.71	555.86	1806.39
2013	186.96	4392.78	306.71	555.86	1806.39
2014	199.90	4383.10	303.98	552.62	1769.86
2015	208.82	4371.82	302.43	550.95	1757.09
2016	220.22	4369.24	297.25	548.14	1728.71

2. 实证操作步骤

第一步，打开 SPSS17.0（中文版）中的数据文件 1-1.sav（在实施第一步之前需要先启动 SPSS，打开 SPSS 数据编辑窗口，定义好变量属性及输入原始数据，并将原始数据文件命名为 1-1.sav 进行保存）。

第二步，打开线性回归分析的对话框。先后选择分析（A）→回归（R）→线性（L）命令，此时在屏幕中显示出线性回归的对话框，也就是先要开展回归分析。

第三步，分别选中所要分析的变量。首先选中第一产业产值变量进入因变量（D）框中，然后分别选中耕地面积、园地面积、林地面积、其他农业用地面积变量进入到自变量（I）框中，在方法下拉框中选中逐步，也就是选中逐步筛选这种路径。

第四步，选择分析统计量。单击统计量（S）按钮，此时屏幕上显示出统计量的对话框，可根据需要进行组合选择。

在回归系数框中，分别选中估计选项、模型拟合度选项以及 R 方变化（S）选项，也就是需要输出与回归系数相关的统计量和输出判定系数、调整的判定系数、回归议程的标准误差、回归方程显著性检验的方程分析表，输出每个解释变量进入方程后引起的判定系数的变化量和 F 值的变化量。

在残差框中，选中 Durbin-Watson 选项，也就是需要输出方程的 DW 检验值，然后单击继续按钮返回。

第五步，选中图形选项。单击绘制（T）按钮，此时屏幕中显示出绘制（T）的对话框。

在 Y 框中，选入 ZRESID 选项，在 X 框中，选入 ZPRED 选项，也就是需要绘制标准化预测值和标准化残差的散点图。在标准化残差图框中，选择正态概率图选项，也就是需要绘制标准化残差序列的正态分析累计概率图，然后单击继续按钮返回。

第六步，选中保存项。单击保存（S）按钮，此时屏幕中显示出保存对话框，在预测值框中，选择标准化（R）选项，也就是需要输出标准化预测值。在残差框中，选择标准化（A）选项，也就是需要输出标准化残差，然后单击继续按钮返回。

第七步，选中分析选项。单击选项（O）按钮，此时屏幕中显示出选项对话框。

在步进方法标准框中选择使用 F 的概率（O）；选中在等式中包含常量；在缺失值框中选择按列表排队个案。然后选中继续按钮返回。

第八步，执行程序。单位确定按钮，此时在输出窗口中输出变量第一产业产值的逐步筛选路径的回归分析结果①。

3. 实证结果与分析

通过实施上述实证操作步骤，可以得到如下的实证结果，具体分析如下。表 5-2 以及表 5-3 分别表达的是逐步筛选过程的结果。从表 5-2 以及表 5-3 中可以明确发现回归方程确立的基本过程及所需步骤。表 5-2 中栏目从左向右依次表示的分别是回归模型拟合过程程序编号、R 回归方程的复相关系数、R 方系数、调整 R 方以及标准估计的误差。从表 5-2 可以发现，伴随回归模型中自变量个数的增多，R 方系数逐步增加。同时由表 5-2 也可以发现，R 方＝ 0.976，调整 R 方＝ 0.966，因此建立的回归方程拟合度较高。标准估计的误差为 8.34060。表 5-3 中的栏目从左向右依次表示的分别是回归模型拟合过程程度编号；R 方更改、F 更改、df1、df2、Sig.F 更改、Durbin-Watson，从表 5-3 可以发现，回归方程的 Durbin-Watson 检验值为 1.956，残差存在一定程度的正相关。

① 徐秋艳 .SPSS 统计分析方法及应用实验教程 [M]. 北京：中国水利水电出版社，100-107.

模型汇总[e] **表 5-2**

模 型	R	R 方	调整 R 方	标准估计的误差
1	0.906[a]	0.821	0.808	19.78386
2	0.934[b]	0.873	0.852	17.34695
3	0.957[c]	0.915	0.892	14.79940
4	0.988[d]	0.976	0.966	8.34060

注：a. 预测变量：（常量），林地面积。
b. 预测变量：（常量），林地面积，园地面积。
c. 预测变量：（常量），林地面积，园地面积，耕地面积。
d. 预测变量 :（常量），林地面积，园地面积，耕地面积，其他农业用地面积。
e. 因变量：第一产业产值。

模型汇总[e] **表 5-3**

模型	更改统计量					Durbin-Watson
	R 方更改	F 更改	df1	df2	Sig. F 更改	
1	0.821	59.736	1	13	0.000	
2	0.052	4.909	1	12	0.047	
3	0.042	5.487	1	11	0.039	
4	0.060	24.633	1	10	0.001	1.956

表 5-4 是回归拟合所获得的方差分析结果。如果显著性水平 a 为 0.05，因为回归方程显著性检验的概率 p 值小于显著性水平 a，所以被解释变量与解释变量间的线性关系显著，建立线性模型是合适的①。表 5-4 方差分析表为回归拟合每一程序过程所得的方差分析的结果。由表 5-4 显然可以看出，当回归拟合过程所参与的自变量发生变化时，其显著性检验概率值仍然低于 0.05。例如，在模型 4 中，F = 99.810，显著性概率小于 0.05，拒绝总体回归系数均为 0.05 的原假设，所以，回归方程中应包含全部参与回归的 4 个自变量。

方差分析（Anova）[e] **表 5-4**

模 型		平方和	df	均方	F	Sig.
1	回归	23380.887	1	23380.887	59.736	0.000[a]
	残差	5088.213	13	391.401		

① 徐秋艳 .SPSS 统计分析方法及应用实验教程 [M]. 北京：中国水利水电出版社，100-107.

续表

模　型		平方和	df	均方	F	Sig.
1	总计	28469.100	14			
2	回归	24858.101	2	12429.050	41.304	0.000[b]
	残差	3610.999	12	300.917		
	总计	28469.100	14			
3	回归	26059.855	3	8686.618	39.661	0.000[c]
	残差	2409.244	11	219.022		
	总计	28469.100	14			
4	回归	27773.444	4	6943.361	99.810	0.000[d]
	残差	695.656	10	69.566		
	总计	28469.100	14			

注：a. 预测变量：（常量），林地面积。

b. 预测变量：（常量），林地面积，园地面积。

c. 预测变量：（常量），林地面积，园地面积，耕地面积。

d. 预测变量：（常量），林地面积，园地面积，耕地面积，其他农业用地面积。

e. 因变量：第一产业产值。

表 5-5 中的栏目从左向右分别表示的是回归模型拟合过程的程序编号、回归模型中的非标准化系数和标准系数、t 检验值、显著性。如果显著性水平 a 为 0.05，其回归系数显著性检验的概率 p 值小于显著性水平 a，因此被解释变量与解释变量间的线性关系显著，它们都可保留在此回归模型中①。例如，模型4的表达式为：第一产业产值＝ 2019.266 ＋ 3.463× 林地面积＋ 1.085× 园地面积－ 0.427× 耕地面积－ 0.904× 其他农业用地面积。

系数[a]　　表 5-5

模　型		非标准化系数		标准系数	t	Sig.
		B	标准误差	试用版		
1	（常量）	572.956	55.824		10.264	0.000
	林地面积	－ 1.282	0.166	－ 0.906	－ 7.729	0.000
2	（常量）	1237.322	303.822		4.073	0.002
	林地面积	－ 2.651	0.635	－ 1.874	－ 4.177	0.001

① 徐秋艳 .SPSS 统计分析方法及应用实验教程 [M]. 北京：中国水利水电出版社，100-107.

续表

模型		非标准化系数		标准系数	t	Sig.
		B	标准误差	试用版		
2	园地面积	－0.442	0.200	－0.994	－2.216	0.047
3	（常量）	1573.555	296.294		5.311	0.000
	林地面积	－2.465	0.547	－1.742	－4.504	0.001
	园地面积	－0.449	0.170	－1.008	－2.634	0.023
	耕地面积	－0.089	0.038	－0.252	－2.342	0.039
4	（常量）	2019.266	189.601		10.650	0.000
	林地面积	3.463	1.234	2.448	2.807	0.019
	园地面积	1.085	0.324	2.438	3.353	0.007
	耕地面积	－0.427	0.071	－1.213	－5.977	0.000
	其他农业用地面积	－0.904	0.182	－1.183	－4.963	0.001

注：a. 因变量：第一产业产值。

表 5-6 中的栏目从左向右分别表示的是回归模型拟合过程的程序编号；进入回归方程的输入变量（自变量）；从回归方程中移去的变量（自变量）；输入变量进入回归方程或移出回归方程的判断标准。从表 5-6 可以发现，4 个输入变量通过回归模型逐步拟合过程进入了回归方程，没有被移去的变量。

输入／移去的变量[a] **表 5-6**

模型	输入的变量	移去的变量	方 法
1	林地面积	.	步进（准则：F-to-enter 的概率 <＝ .050，F-to-remove 的概率 >＝ .100）。
2	园地面积	.	步进（准则：F-to-enter 的概率 <＝ .050，F-to-remove 的概率 >＝ .100）。
3	耕地面积	.	步进（准则：F-to-enter 的概率 <＝ .050，F-to-remove 的概率 >＝ .100）。
4	其他农为用地面积	.	步进（准则：F-to-enter 的概率 <＝ .050，F-to-remove 的概率 >＝ .100）。

注：a. 因变量：第一产业产值。

表 5-7 中的栏目从左向右分别表示的是回归模型拟合过程的程序编号、建立模型时的相应的回归系数，t 检验值和显著性，偏相关以及容差。例如，在表 5-7

中，在模型 3 中其他农地面积的回归系数为－ 1.183，t 值为－ 4.963，偏相关系数为－ 0.843，容差为 0.043。

已排除的变量 [d]　　　　**表 5-7**

模 型		Beta In	t	Sig.	偏相关	共线性统计量
						容差
1	耕地面积	－ 0.247[a]	－ 1.882	0.084	－ 0.477	0.667
	园地面积	－ 0.994[a]	－ 2.216	0.047	－ 0.539	0.053
	其他农为用地面积	－ 0.073[a]	－ 0.590	0.566	－ 0.168	0.944
2	耕地面积	－ 0.252[b]	－ 2.342	0.039	－ 0.577	0.667
	其他农为用地面积	0.177[b]	1.220	0.248	0.345	0.484
3	其他农为用地面积	－ 1.183[c]	－ 4.963	0.001	－ 0.843	0.043

注：a. 模型中的预测变量：（常量），林地面积。
b. 模型中的预测变量：（常量），林地面积，园地面积。
c. 模型中的预测变量：（常量），林地面积，园地面积，耕地面积。
d. 因变量：第一产业产值。

表 5-8 的是残差统计量。表 5-8 中的栏目分别表示的是回归方程预测值、残差、标准预测值以及标准残差的极小值、极大值、均值、标准偏差和样本容量。例如，回归方程预测值的极小值为 74.4526、极大值为 214.7501、均值为 143.3033、标准偏差为 44.54007、样本容量为 15。

残差统计量 [a]　　　　**表 5-8**

	极小值	极大值	均值	标准偏差	N
预测值	74.4526	214.7501	143.3033	44.54007	15
残差	－ 11.69932	11.32409	0.00000	7.04909	15
标准预测值	－ 1.546	1.604	0.000	1.000	15
标准残差	－ 1.403	1.358	0.000	0.845	15

注：a. 因变量：第一产业产值。

图 5-1 为回归标准化残差的标准 P-P，表示的是数据点围绕基准线的图形。图 5-1 显示，散点基本分布在斜线的周围，所以可以看出残差大致呈正分布状态。

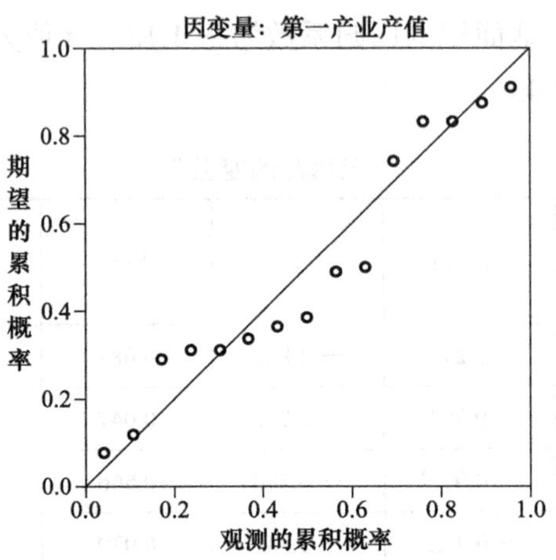

图 5-1　回归标准化残差的标准 P-P 图

图 5-2 表示的是第一产业产值的多元线性回归分析的残差散点图。从图 5-2 可以看出，全部散点观测值均分布在横坐标 ±2 的区域内，因此可以认为回归方程满足线性关系，而且回归方程的拟合效果很好[①]。

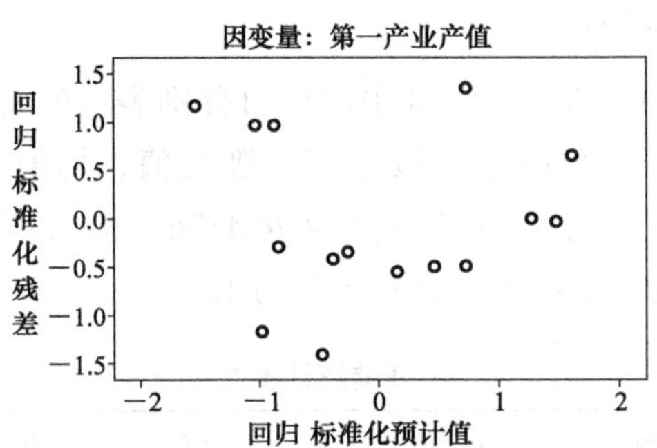

图 5-2　第一产业产值的多元线性回归分析的残差散点图

（二）第二产业、第三产业与土地利用之间的定量关系研究

1. 第二产业、第三产业和土地利用指标选择与基础数据

由于统计年鉴中建设用地没有区别第二产业和第三产业各自的用地面积，而是将建设用地所包含的居民点及工矿用地、交通用地、水利设施用地分类别进行一起统计，因此很难区别第二产业的用地面积和第三产业的用地面积，因此本研究先取第二产业产值和第三产业产值的总和作为因变量，将居民点及工矿用地面积、交通用地面积、水利设施用地面积作为自变量；数据采集时间为 2002 年到 2016 年，总

① 沈渊 .SPSS17.0 统计分析及应用实验教程 [M]. 杭州：浙江大学出版社，132-148.

共合计 15 年的第一产业产值、第二产业产值、第一产业和第二产业的产值总和以及居民点及工矿用地面积、交通用地面积、水利设施用地面积的基础数据，具体基础数据见表 5-9[①] 所显示的第二产业产值、第三产业产值和土地利用面积基础数据。

第二产业产值、第三产业产值和土地利用面积基础数据[②] 表 5-9

年份	第二产业产值（亿元）	第三产业产值（亿元）	第二产业和第三产业产值之和（亿元）	居民点及工矿用地面积（平方公里）	交通用地面积（平方公里）	水利设施用地面积（平方公里）
2002	1069.08	997.47	2066.55	2317.67	145.73	642.33
2003	1337.31	1150.82	2488.13	2353.19	146.02	642.29
2004	1708.02	1328.05	3036.07	2597.81	182.05	655.76
2005	2165.83	1669.73	3835.56	2625.16	183.95	653.73
2006	2497.92	1917.67	4415.59	2640.29	191.85	654.86
2007	2941.83	2268.66	5210.49	2745.30	205.60	652.10
2008	3776.90	2912.04	6688.94	2809.90	223	649
2009	4063.96	3434.71	7498.67	3057.79	219.38	533.45
2010	4937.50	4274.56	9212.06	3110.58	238.04	533.32
2011	6058.88	5261.72	11320.6	3160.56	251.84	533.73
2012	6828.04	6111.23	12939.27	3207.41	258.30	533.54
2013	7460.06	7042.92	14502.98	3207.41	258.30	533.54
2014	7933.53	7869.55	15803.08	3251.75	274.29	533.37
2015	7918.10	8710.94	16629.04	3276.12	283.86	533.35
2016	7571.35	10093.82	17665.17	3309.26	300.29	534.31

2. 实证结果与分析

由于具体 SPSS 操作具体过程同前文内容，因此此处的实证操作过程略去。通过 SPSS 操作步骤可以得到如下结果，具体分析如下。表 5-10 和表 5-11 表示的是逐步筛选过程的结果。表 5-10 中栏目从左向右依次表示的分别是回归模型拟合过程的程序编号；R 回归方程的复相关系数、R 方系数、调整 R 方以及标准估计的误差。同时由表 5-10 也可以发现，R 方＝ 0.967，调整 R 方＝ 0.936，因此建立的回归方程拟合度较高。标准估计的误差为 1450.18056。表 5-11 中的栏目从左向

① 天津市统计局、国家统计局天津调查总队 . 天津统计年鉴（2003-2017）[M]. 北京：中国统计出版社，2003—2017.

② 天津市统计局、国家统计局天津调查总队 . 天津统计年鉴（2003-2017）[M]. 北京：中国统计出版社，2003—2017.

右依次表示的分别是回归模型拟合过程程度编号、R 方更改、F 更改、df1、df2、Sig.F 更改、Durbin-Watson。从表 5-10 和表 5-11 表示可以发现该回归模型只需要一步就可以完成构建过程。剔除方程的变量是居民点及工矿用地面积、水利设施用地面积最大值，最终保留在方程中的变量为交通地用面积。从表 5-11 可以看出，回归方程的 Durbin-Watson 的检验值 为 0.710，残差存在一定程度的正相关。

模型汇总 b **表 5-10**

模型	R	R 方	调整 R 方	标准估计的误差
1	0.967[a]	0.936	0.931	1450.18056

注：a. 预测变量：（常量），交通地用面积。

b. 因变量：第二产业和第三产业产值之和。

模型汇总 b **表 5-11**

模型	更改统计量					Durbin-Watson
	R 方更改	F 更改	df1	df2	Sig. F 更改	
1	0.936	189.708	1	13	0.000	0.710

注：b. 因变量：第二产业和第三产业产值之和。

表 5-12 是回归拟合所获得的方差分析结果。如果显著性水平 a 为 0.05，因为回归方程显著性检验的概率 p 值小于显著性水平 a，所以被解释变量与解释变量间的线性关系显著，建立线性模型是合适的①。表 5-12 方差分析表为回归拟合每一程序过程所得的方差分析的结果。由表 5-12 显然可以看出，回归拟合过程所需要经过的步骤仅为一步。例如，在模型 1 中，F = 189.708，显著性概率小于 0.05，拒绝总体回归系数均为 0.05 的原假设，所以，回归方程中应包含全部参与回归的 4 个自变量。

Anova[b] **表 5-12**

模 型		平方和	df	均方	F	Sig.
1	回归	3.990E8	1	3.990E8	189.708	0.000[a]
	残差	2.734E7	13	2103023.648		
	总计	4.263E8	14			

注：a. 预测变量：（常量），交通地用面积。

b. 因变量：第二产业和第三产业产值之和。

表 5-13 中的栏目从左向右分别表示的是回归模型拟合过程的程序编号、回归模型中的非标准化系数和标准系数、t 检验值、显著性。如果显著性水平 a 为 0.05，其回归系数显著性检验的概率 p 值小于显著性水平 a，因此被解释变量与解释变

① 徐秋艳 .SPSS 统计分析方法及应用实验教程 [M]. 北京：中国水利水电出版社，100-107.

量间的线性关系显著，它们都可保留在此回归模型中①。例如，模型1的表达式为：第二产业和第三产业产值之和＝ 116055.903 ＋ 111.272× 交通用地面积。

系数 [a]　　　　**表 5-13**

模　型		非标准化系数		标准系数	t	Sig.
		B	标准误差	试用版		
1	（常量）	－ 16055.903	1849.280		－ 8.682	0.000
	交通地用面积	111.272	8.079	0.967	13.773	0.000

注：a. 因变量：第二产业和第三产业产值之和。

表 5-14 表示的是输入 / 移去的变量。表 5-14 中的栏目从左向右分别表示的是回归模型拟合过程的程序编号；进入回归方程的输入变量（自变量）；从回归方程中移去的变量（自变量）；输入变量进入回归方程或移出回归方程的判断标准。从表 5-14 可以发现，1 个输入变量通过回归模型逐步拟合过程进入了回归方程，没有被移去的变量。

输入 / 移去的变量 [a]　　　　**表 5-14**

模型	输入的变量	移去的变量	方　法
1	交通地用面积	.	步进（准则 : F-to-enter 的概率 < = .050，F-to-remove 的概率 > = .100）。

注：a. 因变量：第二产业和第三产业产值之和。

表 5-15 表示的是已排除的变量。表 5-15 中的栏目从左向右分别表示的是回归模型拟合过程的程序编号、建立模型时的相应回归系数，t 检验值和显著性，偏相关以及容差。例如，在表 5-15 中，在模型 1 中居民点及工矿用地面积的回归系数为－ 0.075，t 值为－ 0.237，偏相关系数为－ 0.068，容差为 0.53 ；水利设施用地面积的回归系数为－ 0.192，t 值为－ 1.660，偏相关系数为－ 0.432，容差为 0.326。

已排除的变量 [b]　　　　**表 5-15**

模　型		Beta In	t	Sig.	偏相关	共线性统计量
						容差
1	居民点及工矿用地面积	－ 0.075[a]	－ 0.237	0.817	－ 0.068	0.053
	水利设施用地面积	－ 0.192[a]	－ 1.660	0.123	－ 0.432	0.326

注：a. 模型中的预测变量：（常量），交通地用面积。
b. 因变量：第二产业和第三产业产值之和。

① 徐秋艳 .SPSS 统计分析方法及应用实验教程 [M]. 北京：中国水利水电出版社，100-107.

表 5-16 的是残差统计量。表 5-16 中的栏目分别表示的是回归方程预测值、残差、标准预测值以及标准残差的极小值、极大值、均值、标准偏差和样本容量。例如，回归方程预测值的极小值为 159.7069、极大值为 17357.8457、均值为 8887.4800、标准偏差为 5338.27262、样本容量为 15。

残差统计量[a] **表 5-16**

	极小值	极大值	均值	标准偏差	N
预测值	159.7069	17357.8457	8887.4800	5338.27262	15
残差	－2068.72314	2296.15430	0.00000	1397.42895	15
标准预测值	－1.635	1.587	0.000	1.000	15
标准残差	－1.427	1.583	0.000	0.964	15

注：a. 因变量：第二产业和第三产业产值之和。

图 5-3 为回归标准化残差的标准 P-P 图，表示的是数据点围绕基准线的图形。图 5-3 显示，散点基本分布在斜线的周围，所以可以看出残差大致呈正分布状态。

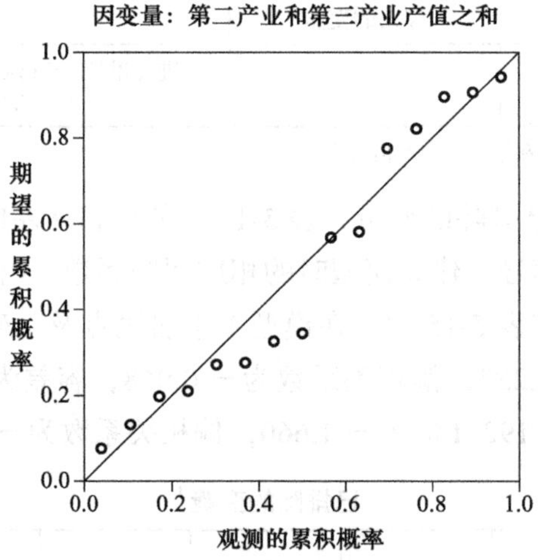

图 5-3 回归标准化残差的标准 P-P 图

图 5-4 表示的是第一产业和第二产业产值之和的多元线性回归分析的残差散点图。从图 5-4 可以看出，全部散点观测值均分布在横坐标 ±2 的区域内，因此可以认为回归方程满足线性关系，而且回归方程的拟合效果很好①。

① 沈渊 .SPSS17.0 统计分析及应用实验教程 [M]. 杭州：浙江大学出版社，132-148.

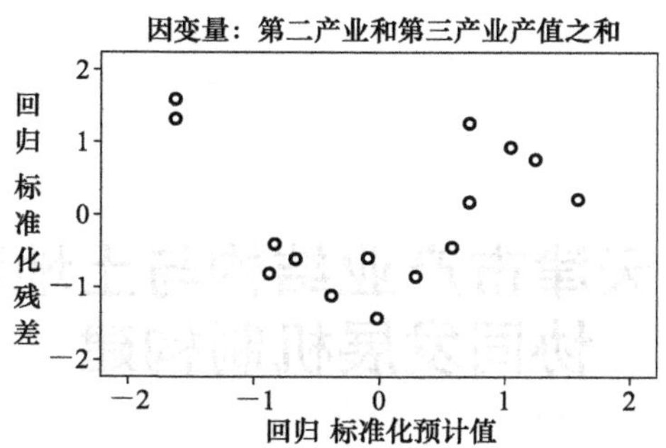

图 5-4　第一产业和第二产业产值之和的多元线性回归分析的残差散点图

（三）结论与讨论

依据 2002 年至 2016 年第一产业产值与耕地面积、园地面积、林地面积和其他农业用地面积基础数据的多元线性回归演算过程可以看出，第一产业产值与耕地面积、园地面积、林地面积和其他农业用地面积之间具有较为直接的相互关联关系，多元线性回归方程表达式为第一产业产值＝ 2019.266 ＋ 3.463× 林地面积＋ 1.085× 园地面积－ 0.427× 耕地面积－ 0.904× 其他农业用地面积，也就是说第一产业产值与耕地面积、园地面积、林地面积和其他农业用地面积之间存在非常显著的关联关系。而依据 2002 年至 2016 年第一产业和第二产业产值的总和与居民点及工矿用地面积、交通用地面积、水利设施用地面积基础数据的多元线性回归演算过程可以看出，第一产业和第二产业产值的总和与交通用地面积之间存在显著的相关关系，而与居民点及工矿用地面积、水利设施用地面积之间存在弱相关性，这也说明在居民点及工矿用地、水利设施用地方面还需要加大土地资源集约利用水平，否则很难产生较好的土地利用效益，也更难获得单位土地利用的产业产值的增长。通过以上定量分析可以得出天津市产业发展与土地利用之间存在紧密的关联关系，只有处理好二者之间的关系，才能实现二者之间的相互促进、协同发展，进一步研究也可发现，在一定区域范围内，土地可利用面积虽然是固定的，但土地利用类型面积的变化必然影响到产业布局调整以及产业产值的变化，而产业结构的进一步调整，也相应地促进土地利用结构的变化。因此，协调好产业结构与土地利用结构的关系是优化区域经济、增强经济社会发展能力的重要内容。

第六章　天津市产业结构与土地利用结构协同发展机制构建

当前天津市正处于经济社会发展向绿色生态深度调整及转型的关键时期，同时也正值加快供给侧结构性改革的重要时期，如何建立健全经济社会可持续发展的有效方式，走低排放、低污染、清洁绿色的发展之路，是摆在天津市政府各级领导面前的一个重要研究议题。现阶段，天津市正在加快产业调整、优化土地利用布局的步伐，以期实现天津市产业结构的不断合理化、高级化，有效破解经济社会发展的制约因素，当然产业结构的调整势必离不开产业发展所依赖的土地资源，如果产业结构的调整与土地利用结构的变化割裂开来，必然影响和制约产业结构优化目标的实现。过去的产业结构优化和调整经验告诉我们，只有将产业结构与土地利用结构进行同步调整，实现二者之间的同频共振，才能进一步推动经济社会的高效、可持续的快速发展。因此，构建天津市产业结构与土地利用结构协同发展的机制，对于加快产业结构优化调整，不断提升产业结构优化的效益和单位土地利用效益，推进产业和土地领域供给侧结构性改革具有十分重要的意义。已有的发展经验表明，只有建立产业结构与土地利用结构协同发展的机制，才能更好地理顺产业发展的基本路径，更加合理地利用有限的土地资源。虽然不同产业的发展阶段、发展模式、产业链条具有各自的独特性，不同类型的单位土地利用面积所创造的价值具有差异性，但通过协同发展机制的牵引，可以推进各产业和不同类型的土地为实现绿色生态的经济社会发展体系最大限度地发挥各自的功能。因此，从协同发展的视角探索产业发展与土地利用的合作、互补、同步的机制，对于促进天津市产业高质量发展、充分释放土地利用效益具有重要的实践意义。

一、确立协同发展的政策引导机制

确立协同发展的政策引导机制就是将产业结构与土地利用结构的优化融合为一个整体。因此需要将促进产业结构与土地利用结构优化的各种政策工具进一步融合，形成整体合力的目标。作为协同发展的政策引导机制应具有如下几个基本特征：第一，政策的动态一致性。制定的产业结构与土地利用结构协同发展政策不是一成不变的，随着经济社会的深入发展，协同发展政策应具有动态适应性，即因环境的变化而做出及时有效的调整，以更好地应对瞬息万变的经济社会发展的需求，但不管如何变化，政策调整的终极目标是一致的，即有利于推进产业结构与土地利用结构的步调一致地优化与共进；第二，政策主体的多元性。协同发展的政策制定的主体既有立法机构也有政府机构，既有政府机构纵向的各级政府，如中央政府、地方各级政府等，也有同一层级的政府内部各职能部门。为制定有效的协同发展政策，各政策主体间要相互配合，加强沟通；第三，政策内容要素的耦合性。由政策主体的多元性可知，天津市产业结构与土地利用结构协同发展政策的制定需要各相关主体的政策协同，既有立法机构与政府机构在法律与政策上的横向协同，也有政府内部各级职能部门制定的政策间的横向协同，还有上下级政府间的纵向政策协同，也就是说出台的政策内容要素相互间不要出现冲突的问题，而应是共同发力，相互配合，相互促进。通过政策内容的相互作用，相互耦合，形成远大于单一政策内容要素所凝聚的力量。

产业结构与土地利用结构协同发展需要发挥政府政策引导机制的引领功能。政府的政策引导机制应着眼于以下内容：第一，加快协同发展的产业结构优化和土地利用结构调整的市场化环境建设。天津市政府相关部门应加大政策创新力度，结合天津市自身发展特点，出台重点支持产业优化发展的政策以及产业自由退出的政策、土地利用市场发展与产业发展对接的政策方案，实现产业结构与土地利用结构协同发展的顺利推进；健全产业结构优化与土地利用结构调整的市场化交易政策体系，引导和鼓励各市场主体自由、平等、公平地参与产业投资以及建立符合产业发展需求的土地市场交易的支持政策；第二，注重政策链的统筹与互补。涉及产业发展和土地利用方面的政策内容体系十分复杂和丰富，稍不注意就有可能出现政策之间相互冲突的现象。为此需要政府部门强化协同发展政策的统一规划设计，从协同发展的整体性出发做好顶层设计，既要处理好各产业之间的互补发展，又要处理好同一产业上下游产业链之间的衔接，还要处理好各产业发展与土地利用类型及土地利用面积之间的匹配，在产业发展及土地利用中还要坚持绿色优先发展战略；第三，注重发挥经济政策的激励与引导效应。产业结构与土地利用结构协同发展是一个系统工程，涉及经济政策有金融、价格、信贷、财政、税收、投融资政策等各项内容。通过各项经济政策激励机制的建立，引导各市场参与主体在协同发展中协同发力，构建政策保驾护航、市场公正交易、各参与主体独立担责以及政府主动监管的多主体协同共治的政策制度，不断提升产业结构与土地利用结构协同发展的效果。

在京津冀协同发展、加快滨海新区开发开放的大背景下，天津市迎来了产业大发展的有利时机，在遵循相关法律法规及中央各项政策的前提下，天津市各级政府要充分发挥聪明才智，加大政策创新力度，进一步提升政府公共服务能力，强化协同发展政策的制定及执行，使各级市场参与主体不断加深对协同发展政策的认知，充分调动各级市场参与主体投身天津市产业发展的热情，让他们明白协同发展政策对他们在产业发展、市场交易、土地利用中的引领及激励效果。通过协同发展政策的落实，在实现产业结构与土地利用结构共同优化的目标下，加快天津市产业结构快速转型步伐，增强土地资源的承载能力，创造更多的产业创新成果，使产业发展与土地利用之间均衡协调发展。提升协同发展政策的针对性、可操作性，需要天津市各级政府部门继续深化机构改革，提升政策制定者的规划、调研能力以及经济社会发展走向的预判能力，同时为充分发挥协同发展政策的引导与激励效果，应加强协同发展政策的宣传力度，形成产业结构与土地利用结构协同发展的良好政策氛围，吸引各市场参与主体既在天津市建功立业，又能够持续推进天津市产业结构的合理布局，并实现与土地利用结构的有机匹配，为天津市经济社会绿色发展、可持续发展贡献力量，这既是天津市经济转型发展的现实需求，也是实现产业发展与土地利用协同共进的客观要求。总之，协同发展的政策建立在多元主体政策供给合作网络基础之上，避免了政策单一性所造成的各自为政的弊端，实现了政策间的协同与同向发力，促进了政策之间的跨界治理及有效衔接。协同发展的政策为产业结构与土地利用结构的协同共生建立了联结的纽带，使二者之间形成一个互融共生、合作共赢的有机整体。通过协同发展政策的实施，为产业结构与土地利用结构共同优化搭建了合作与互通的平台，起到了政策激励与引导的“头雁”效应，加快推进产业结构与土地利用结构协同优化的行动落实到天津市绿色生态发展的实践之中。

二、建立协同发展的动力机制

构建产业结构与土地利用结构协同发展的动力机制是当前天津市面对“新常态”下加快推进产业升级、实现经济内生增长的先导力量，这既可以激活天津市产业发展的内外动力源，为加快供给侧结构性改革提供契机以及为经济社会发展创造符合发展需要的新产品、新服务，又可以拉动当前市场需求的商机，形成新的商品需求点。协同发展动力机制具有跨产业、跨领域的开放性特点，将产业发展与土地利用的动力因素进行融合集聚，形成协同发展的强大动力，有效化解产业发展、土地利用中各自动力不足、方向不一致的问题。同时还将产业延伸发展链与土地利用各系统要素实现密切对接，加强内部相互之间的关联，为协同效应的集中释放以及产业与土地之间的有效互动提供联结。因此，建立协同发展的动力机制是强化产业结构与土地利用结构协同发展的重要手段，更是提升二者协同的效率，加快达成协同成果的必然选择。事实上，产业结构与土地利用结构协同发展动力机制的建立对于深入推进天津市产业高质量发展具有重要的理论指导意义和实践应用价值，也就是说，协同发展动力机制的建立为协同发展各方指明协作的基础、目标，为协同发展各方建立利益联结点，确保了协同发展内容、方式的稳定和持续，为产业结构与土地利用结构的协同发展注入了源源不竭的活力和驱动因素。

产业结构与土地利用结构协同发展的动力机制就是指推进产业结构与土地利用结构同步前进、共同优化的动力源，准确定位产业结构与土地利用结构协同发展的具体影响因子。具体来说，产业结构与土地利用结构协同发展的推动力因素有以下几个：第一，市场力量的拉动力。我国实行的是社会主义市场经济，产业结构与土地利用结构协同发展必然是在社会主义市场经济框架内具体实施，应遵循社会主义市场经济发展规则和规律。市场需要因素必然是产业结构与土地利用结构协同发展的助推力之一。也就是说产业结构向哪个方向优化、土地利用结构如何适应产业发展作出相应调整、土地利用市场如何与产业发展目标相对应等都应在市场潜在需求的拉动下形成明确的市场容量，这为二者的协同发展提供了市场发展空间，进而将潜在的市场需要落实为现实的市场供给，达到优化产业升级和合理利用土地的目标。因此，市场力量是推进产业结构与土地利用结构协同发展的动力源之一，是持续创新协同发展成果的重要驱动因素；第二，科技创新的推动力。科技创新是一个国家和民族长盛不衰、获得持续发展动力的重要源泉。无论是产业发展还是土地利用，都离不开科技创新。只有积极开展科技创新，并将科技创新成果应用于产业发展以及土地利用过程中，才能不断促进产业的高质高效发展以及土地的集约利用。要推进天津市产业结构与土地利用结构协同发展，少不了科技创新支撑。在某种程度上，科技创新是产业结构与土地利用结构协同优化发展的生命力。只有通过科技创新，才能及时跟踪科技前沿最新动态，探索最优的技术工艺，融合各学科的技术方法，助推产业发展的高效化、高端化，提升土地利用的集约利用能力，进而推进产业结构与土地利用结构协同创新发展；第三，生态质量压力。随着经济社会的快速发展，加强生态环境保护是当前发展中的重中之重。凡是不注重生态保护的发展都不是可持续的发展，更是没有前途的发展。天津市在发展过程中也是面临着生态被破坏、环境被污染等一系列生态环境问题。这些问题严重阻碍了天津市经济社会的可持续发展。因为生态系统的承载负荷毕竟有限，一旦打破了生态系统的平衡状态，必然要遭到大自然的数倍的惩罚。所以，天津市在推进产业结构与土地利用结构协同发展过程中，要将生态保护作为发展中须守中的魂和根。坚持生态优先必将时刻融入产业结构优化与土地利用结构调整的全过程之中。走产业结构生态化发展之路以及不断提升土地利用的生态效益将是推进产业结构与土地利用结构协同发展的必然趋势和深层动力。

协同发展的动力因素从根本上来说来源于生态低碳引导和发展效益的驱动。实践证明，产业结构与土地利用结构协同发展的目标就是要最大限度地提升经济社会生态化发展水平以及实现经济效益、社会效益、生态效益的同步提升。天津市在发展中虽然面临着资源环境的不利限制，但通过产业的转型发展以及土地资源的合理利用，完全能够获得较高的发展成果，当然这离不开协同发展动力机制的构建，也就是说协同发展的动力机制将为天津市产业价值增值与土地高效利用提供原始动力。协同发展的动力机制系统也是各种动力因素相互区别、相互联系、相互作用、相互促进所建立的复杂的系统，这些动力因素按一定方式排列后形成具有特定功能的有机整体，共同作用于产业调整与土地利用，而且这些动力因素的目标是一致，都是为形成具有竞争力的产业体系以及集约利用每一寸土地。实际上各种动力因素都是不可或缺的，它们通过相互作用形成单个个体所不具备的更大的驱动力，助推产业结构与土地利用结构的协同发展，引发产业领域与土地利用的深度调整，促进产业升级与土地集约利用的协调、融合、联动发展新格局。

三、构建协同发展的信息共享与交流机制

信息技术的快速发展给人类社会发展提供了便捷的交流沟通渠道。信息技术的商业价值在经济社会发展中日益增长。产业结构与土地利用结构协同发展离不开信息共享与协调机制的建立，特别是当前信息爆炸的时代，每天产生的信息数以亿计，如何将这些信息进行分类、筛选、整理、分析，需要充分发挥信息技术手段的作用，加大对于信息流的传递、协调，进而更有效地提升协同发展的管理成效。通过建立协同发展的信息共享与交流机制，可以极为高效地处理协同发展过程中所出现的一些信息不对称问题，避免因信息闭塞或沟通不良所造成的信息传递迟缓或决策失误等弊端，提升协同发展的推进效率，降低协同发展的沟通成本，促进和推动协同发展的信息整合，避免出现“信息孤岛”现象。协同发展的

信息共享与交流机制的构建不是局限于对产业信息与土地利用信息的简单分享，而是要通过以信息技术为手段，加强信息基础设施建设为基础，通过对于产业信息与土地利用信息的深度加工及融合分析，实现信息利用效能的质的飞跃。加快信息共享与交流机制的构建是产业结构与土地利用结构协同发展的基础和保障，已成为天津市当前发展中需要着力加强建设的紧迫的需求。当然在当前信息化发展的大趋势下，由于理念、体制、技术标准、信息安全等方面的主客观因素的认识差异，协同发展的信息共享与交流机制建立过程中仍会存在一些制约条件，但要提升协同发展的效果，就必须想方设法革除阻碍因素，加快推进信息共享与交流机制建设。

协同发展中的信息共享与交流机制建设具有重要的意义。它既可增强协同发展过程中各参与主体间的密切联络，又可为协同发展决策提供准确、及时、有效、完整的信息，提升了信息共享与交流的价值。第一，信息共享与交流机制建设为信息有效流动提供了保障。产业结构与土地利用结构协同发展的主体有政府、企业、研究机构等多个实际部门，各自承担的职责是不一样的，相互间存在着信息壁垒，如果没有一个畅通的信息传播渠道，相互间很难获取对方的有效信息，而这些信息恰恰又是自己部门决策的重要参考。也就是说协同发展需要信息共享与交流，通过信息共享与交流保障和推进了协同共治；第二，信息共享与交流机制建设是强化信息整合、促使信息价值增值的需要。各参与主体既是信息的供给者，又是信息的需要者，通过信息共享与交流机制建设可以保障各参与主体获得所需要的信息，并对所需要的信息与已有的信息进行系统分析与整合加工，进而筛选出有利于自身发展的有用的信息，开发出对双方或多方都有益的信息。因信息的互动带来信息的共享以及整合开发出更有价值的协同发展信息，这正是信息共享与交流机制建设的本质之所在；第三，信息共享与交流机制建设是适应协同发展、增强协同性的根本需求。协同发展离不开信息化的建设。产业结构与土地利用结构协同发展要强化整体性、协同性、关联性，这必然要求信息的充分交换与共享才能进一步促进协同发展的协作与同步性。

作为协同发展的信息共享与交流机制的建立应把握以下几点原则：第一，信息共享与交流要坚持以市场需要作为基本立足点。产业结构与土地利用结构协同发展过程中信息共享与交流不可缺少，而只有符合市场化需要的信息共享与交流才能真正有用的，不管是对产业集群建设、产业生态化发展，还是政府宏观产业发展政策的决策，还是土地集约利用方式的革新等，都要以满足协同化的市场需要为根本要求；第二，信息共享与交流应明确协同发展参与主体的职责边界。在协同发展中，需要明确各参与主体信息提供的责权边界，特别是应提供而未提供的信息影响到协同发展进展的要追究相应参与主体的责任，要坚决杜绝刻意隐瞒信息或提供不真实信息的现象。既然作为协同发展的参与主体，就应同心同德，做到能够共享的信息要第一时间进行分享；第三，信息共享与交流还要做到与信息公开的区别。事实上信息共享与信息公开之间是有严格界限的，二者不能混为一谈。信息共享是在协同发展参与主体间有条件的、针对性的信息提供，而不是不管什么信息，全盘托出，为提供信息共享的有效性，需要信息提供者事前进行信息的筛选，而不是盲目提供；而信息公开则是根据协同发展各参与主体工作内容与职责要求，向所有其他人都能无条件提供的信息，这些信息对于其他主体或组织或许有用，是一种开放性的信息。

协同发展的信息共享与交流机制搭建要以加快推进信息流动为基本目标，深化信息化平台的建设，提高信息化平台运行管理效率，为协同发展提供重要的信息支撑。具体来说，协同发展的信息共享与交流机制构建应从以下几个方面作为主要抓手：第一，做好信息共享与交流平台设计。要提升协同发展的效率，协同发展各参与主体间的信息交流必不可少，而一个集信息资源共享以及产业结构与土地利用结构业务协同于一体的信息化管理平台是一个非常重要的中介和纽带。应根据协同发展的实际需求，以信息技术为手段，做好信息化管理平台的全面设计，包括它的各部分的构成设计、职能定位、信息传输方式、人机互动模式等；第二，做好信息共享与交流的标准化建设。统一规范的标准是信息共享与交流的前提。在当前大数据时代，面对日益繁复庞杂的信息时，唯有加强信息共享与交流的标准化建设，才能不断提升信息共享与交流的效率，保障协同发展各参与主体间的目标和措施一致，实现真正意义上的联动与步调一致。

四、健全协同发展的生态安全预警与防范机制

生态安全是人类自身安全的重要组成部分，也是经济社会可持续发展的重要保障。产业结构与土地利用结构协同发展的一个重要使命就是要维护和巩固生态系统的平衡，确保生态安全。在当前天津市城市化快速发展的重要时期，产业规模和集聚能力不断增强，土地利用的强度也在不断地加大，经济社会发展与生态保护的不和谐问题日益凸显，空气质量面临着严峻的挑战，土地生态问题也时有显现，这给生态安全造成了极大的威胁。如何在产业结构与土地利用结构协同发展中高度关注生态系统平衡能力的维护对于促进天津市区域经济社会可持续发展具有重要的现实指导价值。加强协同发展的生态安全的预警与防范机制的建立，

不仅能及时识别协同发展中不利于生态环境保护的潜在危险因素，而且有利于辨明协同发展中出现生态不协同、生态压力加大的主要原因，进而寻求对策将产业转型发展与土地利用类型调整统一到生态质量改善的目标响应范围内，既推进经济社会的平稳发展，又促进生态系统的健康。因此，通过协同发展中的生态安全预警对于协同发展中的生态不稳定因素的及时监测，以及通过协同发展中的潜在生态危胁的防范，为有效控制与应对不利的生态行为提供重要的决策依据。由此可见，协同发展的生态安全预警与防范机制的建立对于天津市产业结构生态化发展以及土地利用生态系统的建设，以及准确把握生态安全状况及其走向，特别是天津市生态文明建设目标的实现等都具有十分重要的意义。

通过健全协同发展的生态安全预警，并根据预警结果提出有效的防范措施，是推进产业结构与土地利用结构协同发展的重要内容。一般来说，协同发展的生态安全预警与防范机制具有以下几个显著的特点：第一，预警与防范机制的灵活变化性。协同发展中生态安全状况随着产业结构调整变化、土地利用方式的变化以及产业结构与土地利用结构相互作用所形成的新的发展关系的变化而变化，生态安全状况呈现出不稳定性的特点，为此，预警机制要善于捕捉影响生态安全的不稳定因素，及时发现潜在的生态环境风险，也就是说预警机制要具有机动灵活以及精准预测的功能，并要根据预警结果，采取有效的生态安全保障措施，促使潜在的生态不安全走向生态安全；第二，预警与防范机制的有限性。影响生态安全的因素是多元的，有的是外显的、直接的、容易发现的影响因素，有的是内隐的、间接的、很难发现的影响因素，而且这些影响因素之间又是相互影响，很难精准判断究竟哪些因素是主导因素，哪些因素是次要因素，因此想要完全控制或消除影响因素对生态环境的干扰是不可能的，并且各种因素都是动态变化的，所采取的预警与防范机制也仅是针对当前发现的因素的预警与防范，并且随着产业升级与土地利用的变化，生态安全又可能变为不安全，因此，协同发展中的预警与防范机制的作用具有暂时性以及有限性，不是一劳永逸的。第三，预警与防范机制的超前性。协同发展中影响生态安全的因素是错综复杂的。如果产业结构与土地利用结构协同发展过程中出现违背自然生态运行规律的情况，这势必在生态环境上呈现出或多或少的细微变化或者某种程度的不良发展趋势等现象，这些不利的生态现象如果得不到及时的控制，将会继续扩大，造成生态环境的进一步恶化，最终的结果将会耗费更大的成本来修复。预警与防范机制的实施可以实现提前预测，并采取针对性的应对方法，达到了防患于未然的效果。因此，预警与防范机制对于生态潜在风险的提前干预以及为确保生态安全提供了重要保障。

天津市近年来在经济社会发展中非常关注生态建设，也取得了一些积极成果，但是影响生态安全的不稳定因素仍然存在。虽然天津市在产业结构与土地利用结构协同发展也继续把坚持生态优先作为发展的指导理念，但面对不稳定的生态系统保护压力，生态保护意识不能削弱，强化协同发展的生态安全预警与防范机制更是必不可少。具体来就，可从以下几个方面做好协同发展的生态安全预警与防范机制建设：第一，做好生态安全预警的监测指标构建。虽然影响生态安全的因素是多种多样的，但这些因素对生态系统的影响最终会呈现出一些共性的特点，比如水土流失、土壤污染、空气中有害气体成分的比重增加等，通过这些特点建立监测指标，并根据指标变化及时跟踪产生变化的影响因子，为针对性的防范措施的制订提供重要依据。因此合理的生态安全预警的监测指标是提升预警能力与预警质量的重要前提条件；第二，将遥感技术应用于生态安全预警。遥感技术是监测生态环境质量变化的非常有效的方法。将上述的生态安全预警的指标监测与遥感技术监测有机地结合起来，对于强化生态安全管控、生态风险空间预警、生态安全影响因素的挖掘及未来生态发展趋势的研判等提供非常准确的信息支持。因此，遥感技术手段是加强生态安全预警的不可或缺的重要工具；第三，注重防范措施的系统性与创新性。影响生态系统稳定性的因素具有系统性的特征，因此，在防范措施的制定上也不能着眼于某一个单一的影响因子，要站在整体的视角善于抓住主要的影响因素，先采取主要手段集中解决影响生态环境的主要诱因，另外还要结合影响因素的特点，从产业结构优化、土地资源开发以及应对生态风险的前瞻性等方面提出创新性的防范措施，最大限度地提升产业结构与土地利用结构协同发展对生态建设的积极驱动。

五、强化协同发展的政府主导、多元主体参与的共治机制

产业结构与土地利用结构协同发展是一个已形成共识的系统建设工程，这项工作的有效推动仅靠一己之力是根本无法实现的，需要涉及多方主体的共同参与、协作才可能完成的一项艰巨的任务。协同发展参与的主体主要有政府、企业、研究机构、金融部门、环境中介组织、公众等，当然各参与主体在协同发展中的职责定位是不一样的。只有多方协同合作，协同用力，才能推动协同发展的有序开展，其中在这多元参与主体中，必须有一个能够起主导引领作用的主体。根据各自职责定位及作用发挥，政府在协同发展中起主导作用是必然选择。因此，构建以政府为导、多元主体参与的共治机制是推进协同发展的最适合的组织形式。通过各主体的协同配合、团结协作，劲往一处使，方能形成 1 + 1 > 2 的“协同效

应”。虽然各参与主体的分工不同，但分工不分家，各参与主体的目标是一致的。为实现协同发展的目标，在政府的充分引领下，实现各参与主体由简单的组合，逐步走向深度整合，最终达到有效融合的效果，为促进协同发展系统的良性运行提供有效的治理范式。因此，构建面向协同发展的政府主导、多元参与的共治机制是加快产业结构转型升级、推动经济社会协调可持续发展的有效途径，也是促进区域经济创新联动、形成良好发展生态的现实选择。协同发展强调的是同步性，而实现同步性的最重要的前提条件就是各参与主体在组织上、理念上、职责上、行动上等首先实现同步性，只有各参与主体实现了同步性，才能为合作共治提供了根本保障以及为协同增效提供必要条件。

产业结构与土地利用结构协同发展离不开由政府主导、多元主体参与的协同治理，实际上就是要充分发挥各参与主体在协同发展中的积极作用，形成推动协同发展的整体性力量。协同发展能否取得好的效果，能否由协同发展走向可持续性发展，取决于在协同发展实施过程中各参与主体之间的加强联合、密切配合、有机组合、积极整合。具体来说，产业结构与土地利用结构协同发展的多主体共治机制具有以下几个特征：第一，协同发展主体的多元性。产业结构与土地利用结构的协同发展，需要由多个主体共同参与、协作配合来完成的。政府、企业、研究机构、金融机构、环境中介组织、公众等都需要积极参与协同发展事务，都是协同发展的推动者、参与者。这些参与主体在政府的主导下形成一个共荣共生的协同发展命运共同体；第二，共治机制的基础是协作配合、协调一致。多元主体具有不同的价值取向和对未来发展的判断，对于推进结构协同中各参与主体间必然会有价值理念和发展定位的差异，会产生各种各样的观点碰撞及冲突、不一致的现象，这就需要各参与主体要本着求同存异的原则，真正以谋求发展作为第一要务，坚持多元协商，通过积极的互动沟通交流来达成共识，形成各参与主体间步调一致的共建发展格局；第三，协同发展成果的共有性、互惠性。协同发展成果是多元参与主体共同劳动的成果，任何一个单一主体都不能独享。因为这些成果凝聚着各多元参与主体的智慧和力量，是各多元参与主体协同作战、发挥各自自身优势获得的共有成果，因此这些成果也应由各参与主体根据贡献来分享；第四，共治机制的开放性。协同发展的共治机制系统离不开各种资源要素的组合与融合。要使共治机制能够形成整体性的合力，就需要建立一个基于开放性的要素有序流动模式，推动各要素为形成最佳配置的相互有效融合。因此开放性是协同发展共治机制发挥功能的重要条件。

政府主导、多元主体参与的协同共治机制是不同参与主体发挥各自功能的横向协作，为使协同共治机制更好地发挥其运行能力，应加强以下几个方面的工作：第一，做好多元主体的职责功能界定。各多元主体在协同发展中都是不可替代的，具有各自不同的优势和特点，应清晰地界定各自在协同发展中的具体职责内容，避免各参与主体的职责交叉和职责表述上的模棱两可，杜绝出现问题时的推诿塞责。只有明确了各自的职责定位，才能为各自功能发挥指明前进的努力标准；第二，政府要切实起到主导、引领协同发展的第一责任人的作用。多元主体间的有效配合可以形成远远超过单个个体力量简单相加之和的力量，那么要想形成这种更大的整体性力量，需要有一个主体起主导和统率的作用，否则群龙无首，往往事倍功半，形成不了相互支持、相互配合的共同发展格局。由于政府的职责定位，特别是政府可以发挥公共政策的引领性作用，因此，政府作为共治机制的主导者是最合适的人选；第三，共治机制要坚持市场化导向。我国经济是社会主义市场经济，市场在资源配置中起决定性作用。各参与主体行动的调节也只有坚持市场化导向，才能取得积极有效的成果。不管是产业结构调整、土地集约利用、环境保护，还是要素流动等，都要坚持市场化手段；第四，建立共治机制的协商对话平台。各多元主体间需要协调一致，需要齐心协力，这需要相互之间全方位的有效沟通交流。建立一个多元主体积极互动的协商对话平台是实现多元主体联合行动的纽带。为此，需要在组织机构、沟通网络、对话机制等方面加强建设，建立一个基于协同共治理念的各多元主体良性互动的沟通体系，形成一个协同发展信息共享、多元主体互动合作的内部联结机制。

六、构建协同发展的合作共赢与激励机制

产业结构与土地利用结构的协同发展是一个集多个主体共同参与的一项系统工程。各个参与主体需要精诚合作，共同致力于高质量协同发展。协同发展过程以提升协同发展质量为目的，在遵循合作互补以及市场经济规律的基础上，通过建立有效的协作体系和内外驱动力机制，促进协同发展质量的持续改进。因此，协同发展质量的提升过程是需要集结多个主体共同参与、凝聚各方协同作战，联动攻坚的发展进步的过程。各参与主体之间的合作模式、利益联结机制以及持续的激励方式将是协同发展目标实现的基本条件。系统论的观点告诉我们，虽然协同发展系统也是由多个要素构成的完整的发展共同体，但这种共同体要取得发展的实效，就必须将各个要素由简单组合推向有机融合，这就需要建立一个有效的共荣共生的发展机制，否则这个系统就没有生命力，就会没有战斗力，最终会逐步走向瓦解。而构建协同发展的合作共赢与激励机制是加强各个主体、各个要素

密切协作、实现资源有效整合、打破部门壁垒，实现协同创新发展的必要条件。各参与主体通过合作共赢实现优势互补，获得合作主体利益最大化的目标；通过实施有效激励机制可以充分调动各参与主体合作的积极性和协同增效的动力。通过建立合作共赢与激励机制，可以让各参与要素充分释放其发展活力，达到资源要素的最值配置，让产业结构与土地利用结构协同发展成为经济社会发展提优增效的最有效的渠道。

事实上，依据现代治理理论，协同发展各参与主体共同构成了利益相关者。合作共赢与激励机制的构建就是以各利益相关者的利益均衡分配和责任担当为基础的合作模式。这种合作模式就是调动各参与主体互动、互利的协同治理模式。具体来说，基于协同发展的合作共赢与激励机制包括两层含义：第一，合作共赢是协同发展的前提和基础。合作共赢就需要建立各方都接受和认可的利益共享、责任共担的机制，没有合作共赢这一根本纽带，协同发展就是一句空话；第二，激励约束是持续调动各方主动性、实现共享、互利的保障和动力。虽然有了利益共享的方案，但毕竟各方参与主体的贡献不一样，必须依据对协同发展实际贡献作为利益分配的标准。没有一个公平、公正以及具有激发活力的利益分配方案，各参与主体的积极性就很难激发调动起来。因此，基于协同发展的合作共赢与激励机制成为检验协同发展的效果评价机制。一般来说，基于协同发展的合作共赢与激励机制具有以下几个特征：第一，职能的跨界性。由于协同发展涉及多个利益相关者，它们都来自不同的领域，有的虽然同属于产业领域，但又具有不同的产业分工，产业职能千差万别，因此，协同发展中各参与主体的职能跨界性非常明显；第二，工作的协同性。协同发展中各参与主体虽然职责分工不一样，但始终统一于协同发展的共同目标之中，相互间形成了一种紧密的团队协作关系，共同推动协同发展任务的落实；第三，利益的共享性。各参与主体既然有分工，就有目标任务，更有分享发展成果的基本权利。试想，只有付出，没有回报，在市场经济体系下是很难取得持久的动力驱动的。因此，按贡献享有相应的利益是联结各参与主体的纽带，也是实现各方参与主体共赢的基础；第四，行为的约束性。协同发展是一项严谨有序的活动执行。各参与主体在活动参与中必须按规则、职责积极作为，否则就要接受相应的惩戒。

基于协同发展的合作共赢与激励机制的构建应着眼于以下几点：第一，建立各参与主体之间行动联动的协同机制。为提升协同发展的协作性，可以成立一个跨主体的组织协调机构，具体承担跨职责的具体任务的统筹协调以及跨主体的信息传递与协商对话，将有效地避免因信息不对称及沟通不良所导致的低效或无效协同现象的出现；第二，建立利益共享共赢的保障机制。如果说各参与主体之间形成发展共识是协同发展的主观需求，那么建立利益共享共赢机制则是强化各参与主体之间协调同步的客观选择。为此应充分听取各参与主体的利益诉求，确定以协同发展质量提升为基础的利益分配模式，将职责、应达成的成果以及效果作为利益分配的直接依据，将责任与目标、行为与成效之间建立无缝隙对接，形成责任共担、利益共享共赢的利益分配保障机制；第三，建立各参与主体协同发展效果的考核机制。协同发展的效果是各参与主体的共同目标，是各参与主体行为的最根本的统领。在考核中不能仅仅关注各参与主体内部的绩效评估，要特别关注各参与主体之间协同绩效的评估，只有协同绩效提升了，协同发展才能出效果。因为各参与主体自身的发展绩效都提升了，往往并不能代表协同发展绩效就一定提升。协同绩效强调的是发展的整体性、合作性。强化协同绩效考核是检验协同发展质量的重要手段。

第七章　推进天津市产业结构与土地利用结构协同发展的对策建议

产业结构优化与土地利用结构调整是相互交织在一起的，是一个问题的两个不同的关注内容，决不能将二者无端地割裂开来分别进行调整、优化。也就是说，产业结构优化与土地利用结构调整之间存在着相互促进、相互制约的互动关联关系。只有平衡好二者之间的协同发展关系，将二者作为一个发展的系统进行统筹管理，才能为经济社会可持续发展奠定坚实的基础。因此，正确处理好产业结构与土地利用结构协同发展的关系，对于在优化产业结构的同时提升土地资源的集约利用效益以及在合理配置利用土地资源的基础上进一步引导产业结构的有序调整具有重要的理论指导价值和现实意义。天津市作为毗邻首都北京的直辖市，承担着承接北京非首都功能疏解的重要使命，以及目前正在进行的产业转型升级、城市棚户区改造、强化生态建设等重要任务，如何将产业结构优化与土地利用结构调整紧密联动、同频共振，是当前天津市发展中面临的一个较为紧迫的问题。为此，本研究结合天津市发展实际，提出以下推进天津市产业结构与土地利用结构协同发展的对策建议。

一、坚持生态优先的发展理念是推进协同发展的主线

产业结构与土地利用结构协同发展需要将坚持生态优先的发展理念作为根本的指导方针和发展的主线贯穿始终。协同发展必须在生态系统承载的负荷范围内追求协同，如果协同发展牺牲了生态环境，造成了生态系统的破坏，这种协同是不可持续的协同，是暂时的协同，是追求眼前利益的协同。坚持生态优先的发展理念是推进协同可持续发展、引领天津市经济社会绿色发展的必然要求。针对当前天津市生态环境面临的问题、产业发展与环境不协调、土地生态化利用导向不明显以及产业发展与土地利用同步性不高等现象，需要转变发展思路，坚持产业结构向绿色生态产业方向优化，提升土地利用的绿色化产出水平，积极构建生态优先发展理念主导下产业发展与土地利用互动协调的机制。事实上，生态优先的发展理念，是基于产业结构与土地利用结构协同发展系统是生态系统的有机组成

部分提出来的，强调协同发展系统与生态系统的融合，坚持将生态理念作为协同发展的第一理念，将是否符合生态发展规律作为检验协同发展的基本准则，因此，生态优先的发展理念既是指导、规范协同发展的根本要求，也是协同发展的起点和终点。凡是脱离了生态发展理念、超越生态系统的承载能力、片面获取经济效益最大化的协同发展终将成为发展的桎梏。

生态优先就是要在协同发展中把资源环境保护作为首要内容，以维护生态环境系统的平衡发展、坚持绿色化、生态化的资源配置与结构调整作为基本前提。总的来说，协同发展中坚持生态优先，就是要坚决摒弃传统的以碳基能源为基础的高能耗、高污染的粗放式的产业发展模式与土地利用方式，要以清洁、绿色、低碳化的能源替代碳基能源，要依据生态资源环境的具体特点以及天津市区位优势和自然地理的禀赋，确定适合自己的产业形式及其产业定位，并将产业发展与土地利用评价要有机统一起来，明确单位土地的产业发展的经济效益、社会效益、生态效益的合理结构，使产业发展的生态圈和土地利用的合理布局建立起有效的联动。第一，要围绕天津市现有的农地特点，积极培植生态农业，包括大力做好农业循环经济建设、农业清洁化生产等，打造好绿色生态农产品品牌；第二，结合天津市工业分布特点以及工业发展优势，加大工业转型升级力度，积极培育和发展高质、高端的生态工业项目，提升单位土地的绿色产品产出率，积极延伸工业产品的生态价值增值链；第三，大力发展生态服务业。以天津城市夜间经济、会展经济、商贸经济、楼宇经济等为载体，不断提升现代服务业在经济社会发展中的比重，构建良好的绿色生态消费圈，增强服务业的生态含金量，进一步夯实服务业的生态链。

二、做好协同发展规划是推进协同发展的先导

科学合理的规划是推进协同发展的前提条件。现实中因未做规划或规划没做好最终导致制约发展的现象比比皆是。随着天津市经济社会的深入发展，做好产业结构与土地利用结构的协同规划已迫在眉睫。通过强化产业发展与土地利用的有效衔接，构建产业与土地共建、共享的互动机制是天津市经济社会发展的现实要求。应从规划角度将强化产业结构优化与土地利用结构调整协同起来，建立起二者互通共融的通道。产业结构与土地利用结构协同发展规划的基本目标就是切实处理好产业发展和土地利用之间的动态平衡关系。在产业结构与土地利用结构协同发展中既要实现产业经济的不断增长，又要保护好土地生态系统。以土地利用为基础的产业合理布局规划是推进协同规划的有效选择。在产业发展布局中土

地资源集约利用的主要功能是既提升产业的发展质量及效率，又最大限度地提升土地的生态价值。以产业结构与土地利用结构协同发展引导人与自然和谐共生的生态发展格局规划，可以在更好地促进经济社会发展的同时，维护好土地生态环境系统的平衡，实现经济社会效益与生态效益的双丰收。因此，在协同发展布局规划中，需要以土地资源集约利用为载体，充分考虑到经济、社会、土地、能源利用等各种因素，做到不以牺牲土地生态系统为代价，实现产业结构与土地利用结构高度契合与协调互补。

产业结构与土地利用结构协同发展规划具有以下两个突出的基本特征：第一，协同发展规划的战略性、长远性。协同发展规划是面向未来发展的长期性的计划和方案设计。二者协同发展规划需要统筹安排好各种资源要素的组合设计，以协同发展规划引领未来产业转型发展与土地资源集约利用的一体化进程，以精准、高效的方式构建一个紧密联系的、积极互动的、要素最佳配置的协同发展系统；第二，协同发展规划的跨界性、综合性。协同发展规划是一个系统工程，它涉及区域发展中的方方面面，而不仅仅只是产业发展及土地利用这样两个相对独立的领域。协同发展规划需要从全局的高度协调好资源配置问题。协同发展规划的核心在于引领、提升协同发展生态系统的功能，构建一个基于生态的可持续产业发展系统和土地支撑系统。因此，协同发展规划要立足于区域的长远发展，平衡好产业转型发展与土地资源集约利用的协同关系，增强产业结构与土地利用结构协同的力度。协同发展规划的关键在于实现产业结构优化与土地利用结构调整的一体化，重点在于以资源要素整合为契机，及时总结协同发展的内在规律，形成产业转型发展与土地资源集约利用相互支持、相互促进的可持续发展格局。综上所述，协同发展规划不仅仅是一项经济行为，更是一项立足长远的生态适应性设计，是经济社会和谐发展的行动指南和路线图。

三、创新协同融合发展模式是推进协同发展的有效手段

创新驱动加速推进了产业结构与土地利用结构协同融合发展的进程。创新驱动既能为产业变革与创新以及产业转型升级提供了不竭的动力源泉，又能对土地资源最优化配置提出新的集约利用的思路和方法，进一步强化了产业结构与土地利用结构互动融合发展的联结方式。天津市需要结合产业发展需求以及发展趋势，增强土地资源集约利用能力以及加大产业技术创新力度，同时做好产业结构与土地利用结构协同融合发展的功能定位、标准要求，明确产地一体化融合发展的支持条件。建立产业结构与土地利用结构协同融合发展模式是促进产业结构优化和

提升土地集约利用水平的有效保障。将产业结构与土地利用结构协同发展有机融合，形成二者持续互动的同步发展方式，以此来进一步促进产业要素优化配置能力，同时充分发挥土地资源利用在产业结构优化中的载体功能，紧密结合产业发展要求，推动产业经济领域科技创新力度，以此培育和形成产业发展的基础和动力。因此，为促进产业结构与土地利用结构协同发展的融合程度，必须将加强科技创新与土地利用、产业经济的变革发展需求有机地结合起来，形成产业结构与土地利用结构协同融合发展的模式。

为加快创新协同融合发展模式的构建，结合天津市土地利用现状以及产业发展实际和趋势，需要建立以土地资源的统筹配置为载体的多元化产业集聚的综合体，也就是说在土地再配置与集约利用基础上积极探索多元化产业价值链重构体系以及产业链延伸优化融合，即重组融合模式。重组融合模式既是对天津市产业链条及产业业态整合重组的过程，又是对天津市土地利用功能再划分的过程。通过创新协同融合发展过程中的各种要素、条件的重组融合，实现了产业发展对土地需求与供给之间的有效连接，加速了产地一体化发展的进程。因此，重组融合模式不仅重组配置了产业发展的要素，增强了产业集聚及升级再造能力，而且提升了土地资源的集约化水平。重组融合模式的建立不是一蹴而就的，而是循序渐进的、逐步完善的过程。具体来说，在重组融合模式构建过程中，要充分梳理好天津市产业发展中面临的问题与制约条件，结合天津市土地分布格局、地质地貌基本特征以及现有的土地利用类型及其结构等，以产业生态化和产业竞争力提升为融合条件，以土地利用方式和功能的再调整为契机，建立产地融合发展的对接联动机制，形成一个和谐可持续、有活力的产地融合发展的创新生态系统，从而推动产业结构与土地利用结构协同发展的高度融合。因此，重组融合模式是推动产业结构与土地利用结构协同发展的有效方法和基本路径。

四、协同发展的政策协同支持是推进协同发展的根本保障

产业结构与土地利用结构之间并不是天生就存在着一种协同的关系。推进产业结构与土地利用结构之间的协同发展最有力的方法就是通过政策协同来牵引二者朝着同一目标方向协调前进。而事实上会有很多不利因素与制约条件从不同侧面影响和左右着产业结构与土地利用结构协同发展的效果。在天津市经济当前面临着较大上行压力的特定情形下，如何在经济新常态的大背景下在促进天津市经济社会较快发展的同时也保持产业发展、土地利用以及生态建设等众多要素之间的协调与增进的互动关系，这对于掌舵者的政府提出了更大的挑战。天津市需要

适时出台一些较高质量的政策组合包来迎合当前面临的发展困境和机遇。因此，通过进一步强化政策创新与政策协同来推动协同发展的协作力、合作力、竞争力是非常必要和重要的。简单来说，政策协同就是指由于协同发展涉及众多不同的政策制定主体及政策内容体系，为了取得各类政策能够形成合力共同推进协同互动发展的良性成效，各类政策主体在制订的政策目标、政策内容上应坚持共同认可的协同发展价值取向以及出台同向发力的政策举措。也就是说一个合理的协同政策制定机制是政策协同的最基本的前提条件。将具有跨界性的政策内容共同聚焦于产地协调的特定领域，建构协同发展系统的整体协同的政策融合体系。

产业结构与土地利用结构协同发展离不开政策协同的大力支持。出台一套具有激励性、支持性的促进产业结构与土地利用结构协同发展的政策组合包是最直接的保障。要加大产业结构与土地利用结构协同发展的政策协同支持力度，需要政府综合运用相关政策工具，包括财政税收政策、法律法规、土地政策、产业政策、投融资政策、生态环境政策等，并将这些政策有机地组合在一起，密切配合、协同发力，才能取得良好的政策支持效果。也就是说，政府制定出一套周密的政策体系是促进产业结构与土地利用结构协同发展的重要驱动力，进而对于促进产业结构与土地利用结构协同优化具有不可或缺的功能。同时在政策制订方面还需要注意从土地属性和产业发展目标两个方面同时入手，注重政府政策组合工具的形式变化、内容创新、时效性及传递模式等，着力构建具有天津特色的产业结构与土地利用结构协同发展的政策环境。在政策制定中，各政策制定主体之间应建立一个有效的沟通联动机制，形成一个既有长远战略规划内容的政策目标体系，又有纵向互补、横向协调的完善的政策链条，坚决避免因政策目标不一致而产生的互为掣肘现象，降低协同不足导致的效率低下及各自为政的局面。

五、持续的科技创新是推进协同发展的不竭动力

协同发展是一种系统观，是当代社会经济发展的应有之义。产业结构与土地利用结构协同发展是当代社会经济发展中的重要组成部分，是人与自然和谐发展的重要内容。科技创新是将科技与社会经济发展需求一体化的创新过程。通过科技创新可以催生新的产品形式，降低运行成本，创新社会发展模式等。而协同发展的持续健康推进离不开科技创新的驱动。因此持续的科技创新是深度推进协同发展的力量源泉。通过科技创新，可以实现对于协同发展的前瞻性的引领作用，增强协同发展要素的集群技术创新能力，可以延伸协同发展成果的价值链，增加协同发展产品的技术附加值，进一步推进产业发展与土地资源利用的合作与联动，

赋予协同发展更加持久的动力。因此，基于科技创新的协同发展是当代社会经济永续协调发展的必然要求。随着科技进步以及社会生产力的发展，人类社会已进入知识经济时代。基于科技知识、技术创新的协同发展模式是对于传统经济发展模式的革命性的变革。持续的科技创新将为协同发展注入持续的发展活力，是协同发展的推进器。因此，持续的科技创新不仅仅促进了产业结构的优化、提升了土地资源利用方式和利用效率，而且构建了以技术为纽带的产地协调发展链，将产业与土地紧密地联结地一起，实现以技术创新为核心的同步发展。

科技创新是协同发展中的一项持续的技术经济行为。为实现持续的基于科技创新的产业结构与土地利用结构协同发展，天津市应加大以下几个方面的工作：第一，优先发展高新技术产业。高新技术产业具有较高的技术含金量，是绿色产业，既有利于产业结构优化，也有利于提升单位土地的产业价值。高新技术产业发展是增进协同发展效率的有效手段之一；第二，积极创新技术创新联盟，打造“联盟式”技术创新合作平台。所谓技术创新联盟就是协同发展中的各个技术创新主体共同合作开展技术的研发、设计以及共享、共用的合作平台。通过建立这种“联盟式”技术创新合作平台，不仅可以实现各个技术创新主体之间的资金、技术、人才、设备的共用，提高技术创新效率，而且可以实现技术创新能力互补以及建立基于协同发展需求的技术创新，提高技术创新的针对性、有效性，为切切实实推进协同发展提供了坚实的技术保障；第三，建立基于产学研政的协同创新新机制。科技创新离不开企业、高校、研究机构、政府的共同协同参与。各个主体各司其职才能更好地提升协同创新能力。基于产学研政的协同创新新机制就是要建立一个由政府牵头，企业为技术创新主体，高校和研究机构为技术创新的两翼，紧密围绕产业发展技术以及土地开发利用为核心，以协同发展为技术创新目标的协同创新共同体。

六、加强人才的引进与培养是推进协同发展的重要支撑

人才资源是第一资源，是生产过程中最积极、最活跃的发展要素。一个国家或地区只有拥有了丰富的、与产业结构以及土地利用结构需求相匹配的过硬的人才资源，才能为区域经济社会发展注入永续发展的活力和内生动力。而加强区域人才资源的引进与培养是构筑区域人才高地的关键举措，更是增强区域经济社会竞争能力的有效方法。毫无疑问，产业结构优化、土地资源集约利用以及产业结构与土地利用结构协同发展都离不开具有足够数量与质量的人才保障。因此，加快人才的引进与培养是促进产业结构与土地利用结构协同发展有效开展的内在要

求。产业结构优化和土地利用结构调整都需要有足够的人才支撑。因此，加强协同发展人才的引进与培养是促进产业发展和土地资源集约利用的重要手段。构建一支创新意识强、结构合理的产业结构与土地利用结构协同发展人才队伍是促进产业结构与土地利用结构协同发展的根本。也就是说，人才资源是产业结构与土地利用结构协同发展的关键，如果缺乏人才资源的支撑，产业结构与土地利用结构协同发展就无从谈起，所以要将产业结构与土地利用结构协同发展人才的引进与培养作为一项重要的战略任务来抓。同时在加强产业结构与土地利用结构协同发展人才的引进与培养时，需要将产业结构与土地利用结构协同发展人才的使用、激励与技术、市场、资本等因素有机结合起来，才能取得更好的人才引进与培养效果。

具体来说，天津市要做好协同发展人才的引进与培养，可采取以下具体方法：第一，做好协同发展人才战略规划。协同发展是一个有计划、有步骤的系统工程。要建立与协同发展系统工程相适应的人才战略规划。结合协同发展目标，认真编制人才资源需求清单，包括人才需求的类别、数量、质量以及标准等，细化人才战略规划管理的时间节点，为协同发展做好人才战略设计；第二，要加大人才资源的引进力度。要紧紧围绕天津市产业发展现状、趋势以及土地利用革新需求，大力推进人才引进的力度，特别是天津市重点发展的航空航天、生物医药、高端装备、人工智能等高新技术产业的高端人才的引进。要大力创新重点发展产业人才以及急需紧缺人才的专项引进的方法以及资助措施。例如，对于急需紧缺的人才可采取“不求为我所有，但求为我所用”的创新使用形式，其它具体的创新方法如在户籍政策、岗位设置、住房、医疗等方面都可结合人才类型出台有竞争力的吸引人才的政策措施；第二，加大人才培养的力度。现代社会发展瞬息万变，知识技术更新速度迅速。需要实施好现有人才的培养工作。既要结合现有岗位的需求做好有针对性的培养提高，让各类人才都能更好地胜任岗位工作的内容，同时还要结合未来发展需要，做好未来发展人才的储备培养工作以及人才队伍的梯队建设等，为天津市培养一支与协同发展需求相匹配的具有较强创新能力的人才队伍。

第八章　结论和展望

本研究在对产业结构与土地利用结构协同发展相关概念以及理论进行系统梳理的基础上，对天津市产业结构发展现状和发展趋势以及天津市土地利用结构现状和发展趋势进行了深入全面地分析，并对天津市产业结构与土地利用结构关系进行了实证研究，构建了天津市产业结构与土地利用结构协同发展机制，提出推进天津市产业结构与土地利用结构协同发展的对策建议。通过上述研究，主要得出以下结论：

第一，对天津市产业结构的现状与特征进行具体分析，系统总结 2016 年天津市产业发展总体状况，并分析 2013 年—2016 年天津市产业结构的动态变化，概括天津市三次产业内部结构的演变特点；深入阐述天津市产业发展的优势、劣势、机会、挑战；从财政政策、税收政策、信贷政策、产业政策、消费政策、投融资政策等方面提出天津市产业结构优化的具体政策，并从政府政策引领、产业技术自主创新、产业绿色转型、产业投资环境、产业合作联盟、产业园区建设和政府体制机制创新等方面提出推进天津市产业结构优化的具体方法；对天津市产业发展趋势进行研判，并对天津市产业发展应处理好的四对关系进行了深入阐释。

第二，对天津市土地利用现状与特征进行具体分析，系统分析 2016 年天津市土地利用现状，并具体分析 2013—2016 年天津市各类型土地资源利用结构以及 2013—2016 年天津市土地利用动态变化情况，概括天津市土地利用结构演变特点；深入阐述天津市土地利用的优势、劣势、机会、挑战；从财政政策、税收政策、信贷政策、投融资政策、产业用地政策、土地价格政策等方面提出了天津市优化土地利用结构的具体政策，并从土地利用规划、土地流转、土地储备、土地整治、土地空间立体化利用、土地利用方式创新等方面提出天津市优化土地利用结构的具体方法；对天津市土地利用发展趋势进行了研判，并对天津市土地利用中应处理好的四对关系进行深入解读。

第三，应用多元线性回归分析方法实证研究了天津市产业结构与土地利用结构关系，具体研究第一产业与土地利用之间的定量关系以及第二产业、第三产业与土地利用之间的定量关系，研究认为天津市产业发展与土地利用之间存在着紧密的关联关系，只有处理好二者之间的关系，才能实现二者之间的相互促进、协同发展，并且在一定区域范围内，土地可利用面积虽然是固定的，但土地利用类型面积的变化必然影响到产业布局调整以及产业产值的变化，而产业结构的进一步调整，也相应地促进土地利用结构的变化。因此，协调好产业结构与土地利用结构的关系是优化区域经济、增强经济社会发展能力的重要内容。

第四，从确立协同发展的政策引导机制，建立协同发展的动力机制，构建协同发展的信息共享与协调机制，健全协同发展的生态安全预警与防范机制，强化协同发展的政府主导、多元参与的共治机制，构建协同发展的合作共赢与激励机制等六个方面深入解读了天津市产业结构与土地利用结构协同发展的机制构建。

第五，坚持生态优先的发展理念是推进协同发展的主线；做好协同发展规划是推进协同发展的先导；创新协同融合发展模式是推进协同发展的有效手段；协同发展的政策协同支持是推进协同发展的根本保障；持续的科技创新是推进协同发展的不竭动力；加强人才的引进与培养是推进协同发展的重要支撑等六个方面提出了推进天津市产业结构与土地利用结构协同发展的对策建议。

本研究以天津市为例对产业结构优化、土地利用结构调整以及产业结构与土地利用结构协同发展进行了深入系统的研究，取得了一些较有意义的研究成果和结论。按照习近平总书记提出的“绿水青山就是金山银山”的发展理念以及天津市在京津冀协同发展中承担着承接北京非首都功能疏解的重要使命和天津市目前正在进行的产业转型升级、城市棚户区改造、强化生态建设等重要任务，如何将产业结构优化与土地利用结构调整紧密联动、同频共振对于推进天津市经济社会可持续发展具有重要的理论研究价值和现实指导意义。但由于产业结构与土地利用结构协同发展是一个涉及众多内容要素的系统工程，产业结构与土地利用结构互动发展影响因素复杂，因此还有一些值得深入研究的内容有待进一步探讨，例如，产业结构与土地利用结构协同发展的内在逻辑规律、产业结构与土地利用结构协同发展系统模型的构建、三次产业内部各细分的行业与土地利用类型之间的协同发展关系、产业结构与土地利用结构协同发展的评估指标和空间配置，遥感技术在产业结构与土地利用结构协同发展中的应用，以及如何推进区域与区域之间产地的互动发展等。

附录 1：天津市优化工业用地管理促进产业结构调整升级实施办法

天津市人民政府办公厅关于印发天津市优化工业用地管理促进产业结构调整升级实施办法的通知

各区人民政府，各委、局，各直属单位：

经市人民政府同意，现将《天津市优化工业用地管理促进产业结构调整升级实施办法》印发给你们，请照此执行。

天津市人民政府办公厅

2018 年 12 月 6 日

天津市优化工业用地管理促进产业结构调整升级实施办法

为优化工业用地管理，降低工业企业用地成本，促进产业结构调整升级和土地节约集约利用，根据《中华人民共和国土地管理法》、《国务院关于促进节约集约用地的通知》（国发〔2008〕3 号）、《节约集约利用土地规定》（原国土资源部令第 61 号）、《国土资源部发展改革委科技部工业和信息化部住房城乡建设部商务部关于支持新产业新业态发展促进大众创业万众创新用地的意见》（国土资规〔2015〕5 号）等规定，结合本市实际，制定本办法。

一、适用范围

本办法适用于本市行政区域内的工业用地。本办法所称工业用地，是指与规划条件对应确定的土地利用现状分类中的工业用地，或符合城乡规划的现状工业用地。

二、基本原则

（一）坚持遵循工业项目生命周期规律，创新工业用地出让方式和年期，降低实体经济企业用地成本。

（二）坚持土地节约集约利用，落实土地利用要素管理，明确工业用地的单位用地投资强度、容积率等使用条件。

（三）坚持实施土地利用全过程管理，实现项目开竣工、投达产、企业用地绩效评估和土地使用权退出的全过程监管。

（四）坚持鼓励新产业发展，促进科技研发、新兴产业和实体经济企业融合发展，推动产业结构调整升级。

（五）坚持公开、公平、公正和诚信原则，通过招标拍卖挂牌方式确定国有建设用地使用权中标人或竞得人。

三、优化工业用地供应管理

（一）创新工业用地供应方式。工业用地供应，可以按照法定最高50年出让年期以招标拍卖挂牌方式出让；也可以采取长期租赁、租让结合、先租后让、弹性年期出让等方式，其审批管理按照现行工业用地出让程序执行。

（二）探索租赁方式供应工业用地。政府采取租赁方式供应的国有建设用地，土地租赁期最长不得超过20年，土地租金在租赁期间可不作调整。承租方按照土地租赁合同约定缴纳租金后，持土地租赁合同和租金缴纳凭证、完税证明等材料申请办理不动产登记。

（三）探索租让结合方式供应工业用地。政府采取租让结合方式供应的国有建设用地，规划和自然资源管理部门为土地整理单位核发规划条件，土地出让（租）后，为受让（承租）方办理后续规划许可手续。厂房及配套用地、企业内部行政办公及生活服务设施等生产办公用地，可采用出让方式供应土地，出让年期一般不超过20年；露天堆场、露天操作场地、停车场地及其他用地等配套设施用地，可采取租赁方式供应土地，单次租赁年期一般不超过5年。

（四）探索先租后让方式供应工业用地。政府采取先出租后出让方式供应的国有建设用地，供地的总年限一般不超过20年。中标人或者竞得人应当与规划和自然资源管理部门先行签订土地租赁合同，租赁期限6年（包括3年基建租赁期、3年投产租赁期），租金标准按照该地块公开招标拍卖挂牌起始价的20%确定，实行一次性收取。

承租方应当按照土地租赁合同约定在每个阶段期届满前 3 个月提出验收评估申请。基建租赁期、投产租赁期验收评估工作由区人民政府确定的考核部门牵头组织，规划和自然资源、工业和信息化、住房和城乡建设等部门协同开展。经验收评估，达到土地租赁合同约定要求的，承租方可凭验收评估合格证明向规划和自然资源管理部门申请办理土地出让手续，规划和自然资源管理部门以协议方式确定土地使用权人，并签订国有建设用地使用权出让合同。租赁期满转出让的，出让金标准按竞得地价总额扣除已缴纳租金（租金视作先期缴纳出让金）的差价确定。

未达到土地租赁合同约定要求的，应采取限期整改方式进行处理，整改总期限不得超过 1 年，整改期的年租金按前 6 年平均年租金缴纳。整改期满后仍未达到土地租赁合同约定要求的，按照约定由土地出让方无偿收回土地使用权及其地上建筑物、构筑物及其他附属设施。

土地租赁合同中应明确：不办理不动产登记，国有建设用地使用权、地上建筑物、构筑物及其他附属设施不得转租和抵押。承租方在付清租金后，持土地租赁合同和租金缴纳凭证、完税证明等材料申请办理建设用地批准书。

土地出让期间，受让方在付清全部土地价款后，持合同和出让金缴纳凭证、完税证明等材料申请办理不动产登记。

（五）实行工业用地弹性年期出让制度。政府采取弹性年期出让方式供应的国有建设用地，出让年期一般不超过 20 年。受让方在付清出让金后，持出让合同和出让金缴纳凭证、完税证明等材料申请办理建设用地批准书、不动产登记。

（六）合理评估用地价格。采取租赁、租让结合、先租后让、弹性年期出让方式供应工业用地的，出让价格和租金根据土地估价结果和政府产业政策综合确定，按照城镇土地估价规程的规定修正到法定最高出让年期的价格，不得低于所在区域的工业用地基准地价；没有基准地价的地区，不得低于国家规定的工业用地最低价标准。

（七）完善工业用地续期使用制度。土地受让方或者承租方应当在国有建设用地使用权到期前，按照合同约定的有效时限，向出让（租）方提出续期使用申请。符合土地利用总体规划、城乡规划和产业发展规划，且经区人民政府确定的考核部门牵头组织统计、规划和自然资源、工业和信息化、税务等部门对项目产出、税收等综合评估，达到合同约定使用条件的，可以协议方式结合原土地使用权权利类型确定继续以出让或租赁方式续期使用。

受让方或承租方未提出续期申请，或提出续期申请未获批准的，国有建设用地使用权使用期限届满后依法予以收回。

四、加强工业用地供后监管

（一）鼓励工业企业高效利用土地。鼓励工业企业加大技改投入力度，调整产业结构，充分利用现有工业用地提高土地利用效率。在符合规划、不改变用途的前提下，现有工业生产用地提高土地利用率和增加容积率的，不再增收土地出让价款。

（二）加强闲置和低效产业用地处置。各区人民政府为闲置和低效产业用地处置的责任主体，应当按照《闲置土地处置办法》（原国土资源部令第 53 号）及时开展闲置土地调查认定，合理界定闲置原因，分类进行处置；加大低效产业用地盘活力度，通过追加投资、转型改造、联合开发、收购再出让等多种方式，提升低效产业用地利用效率。对闲置土地较多的街镇和园区，区人民政府可灵活运用暂停新增用地出让、挂牌督办、定期通报等方式，促进闲置土地处置。

（三）完善工业项目退出机制。在工业项目约定的开工日期之前或竣工之后，因企业自身原因无法开发建设或运营的，受让方或承租方可以申请解除国有建设用地使用权出让（租赁）合同。经出让（租）方同意，按照约定终止合同，依法收回国有建设用地使用权并予以补偿；对地上建筑物的补偿，可事先在国有建设用地出让（租赁）合同中约定采取残值补偿、无偿收回、由受让方或承租方恢复土地原状等方式处置。在工业项目约定的开工日期之后、竣工之前，按照《闲置土地处置办法》规定执行。

（四）支持企业退出节余工业用地。企业退出节余工业用地的收购价格由政府和企业协商确定，可在原出让价格基础上，增加适当的财务成本和管理费用，原则上不得高于上一年度区域内工业用地平均价格。退出后的土地按城乡规划要求重新安排使用。经依法批准后，达到合同约定转让条件的项目用地内的企业节余工业用地可以分割转让。

五、促进产业项目集聚兼容发展

（一）引导项目向各级合规工业园区集中。鼓励园区外的工业项目通过调整结构、转型升级逐步向各级合规工业园区集中。国家级和市级开发区建设标准厂房容积率超过 1.2 的，所需新增建设用地计划指标由市级规划和自然资源管理部门优先保障。

（二）鼓励土地用途兼容复合利用。投资或相关行业主管部门提供项目符合条件证明文件并经规划和自然资源等部门充分论证，新产业工业项目用地的生产服务、行政办公、生活服务设施建筑面积占项目总建筑面积比例不超过15%的，可仍按工业用途管理。科教用地可兼容研发与中试、科技服务设施与项目及生活性服务设施，兼容设施建筑面积比例不得超过项目总建筑面积的15%。出让兼容用途的土地，按主用途确定供应方式，在现有建设用地上增加兼容的，可以协议方式办理用地手续。

六、保障新产业项目发展用地

（一）优先保障战略性新兴产业项目用地。依据国家《战略性新兴产业重点产品和相关服务指导目录》《中国制造2025》、“互联网＋”等国家鼓励发展的产业政策要求，对本市重点发展的人工智能、生物医药、新能源新材料等战略性新兴产业项目，优先保障其用地供应。

（二）支持实体产业和科研创新产业融合发展。对传统工业企业转型为先进制造业企业，以及利用存量房产进行制造业与文化创意、科技服务业融合发展的，可实行继续按原用途和土地权利类型使用土地的过渡期政策。

（三）支持构建创新创业空间。对国家自主创新示范区、开发区、国家大学科技园、小企业创业基地、高校、科技院所等机构，利用存量房产兴办众创空间的，可实行继续按原用途和土地权利类型使用土地的过渡期政策。

（四）实行项目部门联动机制。对需享受本条第（一）、（二）、（三）项产业政策的市场主体，投资或相关行业主管部门应当按照国家有关规定，向规划和自然资源管理部门提供项目符合条件证明文件，规划和自然资源管理部门登记后执行。过渡期以5年为限，5年期满及涉及转让需办理相关用地手续的，可按新用途、新权利类型、市场价，以协议方式办理。

七、建立共同监管机制

（一）按照行政管理职能，各行政主管部门对企业履约情况实施共同监管，提高土地利用效益。规划和自然资源管理部门对容积率、建筑密度、绿地率、规划建筑限高情况实施监管，住房和城乡建设部门对相关房屋建筑项目的开工、建设标准、竣工验收情况实施监管，发展改革部门对准入产业类别、固定资产投资情况实施监管，水务部门对用水情况实施监管，生态环境部门对环保情况实施监管，其他行政主管部门按照职能对其他相关指标实施监管。项目用地达不到约定要求的，各相关行政主管部门应当按照职能分工依法依约进行处置。对不符合享受政策条件的，应及时终止政策执行，并按国家有关规定执行。

（二）各部门要牢固树立“产业第一、企业家老大”的理念，强化协调配合，加强信息共享，进一步提高审批效率，促进工业用地节约集约利用和产业结构调整升级。

本办法自印发之日起实施，有效期 5 年。各区可根据实际情况制定实施细则。

（资料来源：http://gk.tj.gov.cn/gkml/000125022/201812/t20181214_81300.shtml）

附录 2：“散乱污”企业土地资源整合再利用指导意见（试行）

“散乱污”企业土地资源整合再利用指导意见（试行）

天津市国土资源和房屋管理局（2018 年 08 月 24 日）

为贯彻落实《中共天津市委办公厅 天津市人民政府办公厅关于集中开展“散乱污”企业整治取缔工作的通知》（津党厅〔2017〕48 号）要求，进一步盘活我市“散乱污”企业清理整顿后闲置土地资源，坚持最严格的节约用地制度，优化工业用地布局，促进产业结构转型升级，推进我市绿色协调发展，制定本指导意见。

一、工作目标

继续深入推进“散乱污”企业清理整顿，规范“散乱污”企业清理后闲置土地资源再开发、再利用，使土地集约利用水平明显提高，工业用地结构明显优化。

二、工作原则

“散乱污”土地资源整合再利用工作要以土地利用总体规划、城市总体规划和工业布局规划为指导，做好环境影响评价、城市安全评价、土壤安全评价等工作，确保社会生产生活和人民生命财产安全，环境空气质量持续改善，产业绿色发展。

三、工作内容

“散乱污”企业土地性质较为复杂，对于未完成清理整顿工作企业，相关部门应按《关于开展“散乱污”企业改造提升会审工作的通知》要求继续实施清理整顿；已完成清理整顿企业土地资源整合再利用工作，按以下几类分别处理：

（一）土地手续不齐全，按照相关规定不具备补办土地手续条件的“散乱污”企业，由相关区国土资源部门对其中存在的违法占地行为依法查处。

（二）土地手续不齐全，具备补办土地手续条件的“散乱污”企业，其中对于用地批准文件齐全的，应当按照不动产登记有关规定及时申请办理不动产登记手续；对于缺少或无用地批准文件的，应当先办理用地批准文件。

（三）土地手续齐全，因环保等方面不达标的“散乱污”企业，区人民政府在完成相应清理整顿工作后，可具体按以下方式处置土地：

1. 国有建设用地具备原地提升改造条件的 鼓励原国有建设用地使用权人进行改造开发，在符合规划的前提下，原国有土地使用权人可通过自主、联营、入股、转让等多种方式对其使用的国有建设用地进行改造开发，原划拨土地改造开发后用途仍符合《划拨用地目录》的，可继续按划拨方式使用；不符合《划拨用地目录》的，需依法办理有偿使用手续，其中符合协议出让条件的，可依法采取协议方式。原依法取得的工业用地改造开发后提高厂房容积率但不改变用途的，可不再增缴土地价款；利用现有工业用地，兴办先进制造业、生产性及高科技服务业、创业创新平台等国家支持的新产业、新业态建设项目的，经区人民政府批准，可继续按原用途使用，过渡期为 5 年，过渡期满后应依法按新用途办理用地手续。对于原国有建设用地使用权人不再进行改造开发的，国有建设用地可通过收回土地使用权或土地整理储备的方式进行再利用。

2. 国有建设用地具备腾挪建设用地规模指标条件的

支持以各区人民政府为主体，对已完成清理整顿的“散乱污”企业用地进行土地整理复垦，土地整理复垦应当符合国家及我市关于土地开发整理项目的有关规定。整理复垦为耕地的，应开展耕地质量等级评定和土壤环境质量状况评估工作。完成土地整理复垦后，区人民政府应按照有关规定组织初验，初验合格的，向市国土房管局申请土地整理复垦验收。验收合格后，可通过调整土地利用总体规划、城市总体规划，释放原本闲置的建设用地规模指标。鼓励通过上述方式将建设用地规模指标向园区集中，形成聚集效应。

3. 集体建设用地 依据 2018 年中央 1 号文件关于实施乡村振兴战略精神，村庄内集体建设用地主要应服务于乡村发展，对村庄内部“散乱污”企业用地进行土地整理复垦腾退出的建设用地规模指标，原则上应作为乡村发展用地使用；对于村庄外集体建设用地，村集体有意愿通过土地流转对此部分建设用地指标实施腾挪的，鼓励向园区集中。

（四）使用腾退建设用地规模指标的，需符合土地利用总体规划用途管制要求。腾退建设用地规模指标的布局，应避让永久基本农田、生态保护红线、永久性生态保护区域、双城森林屏障等控制红线。不得通过调整规划，变相增加园区已批准的用地规模。新安排项目，应按照节约集约用地原则，严格遵守项目用地控制标准。

（五）为加快企业搬迁和用地整合，支持各区使用土地利用总体规划已下达的区级预留指标，先行布局新增建设用地用于周转。用地整合涉及土地整理复垦的，各区需制定详细的复垦计划，并安排专人负责督促，确保复垦工作按时完成，耕地质量达标。

（资源来源：http://gk.tj.gov.cn/gkml/000125444/201809/t20180911_79971.shtml）

参 考 文 献

[1] 张秀广，刘晓君. 环境规制对区域产业结构优化调整的影响研究［J］. 技术经济与管理研究，2018（11）：124-128.

[2] 李翔，邓峰. 科技创新与产业结构优化的经济增长效应研究［J］. 经济问题探索，2018（6）：144-154.

[3] 张博. 基于协同学理论的城市土地资源集约利用评价研究［D］. 大连理工大学，2007：3-8.

[4] 乔进伟. 关于开发区土地集约利用评价的研究综述［J］. 科技创新与生产力，2015（11）：25-27.

[5] 王群，王万茂，金雯. 中国城市土地集约利用研究中的新观点和新方法：综述与展望［J］. 中国人口资源与环境，2017（5）：95-100.

[6] 曾伟. 县域乡（镇）土地资源利用可持续发展的实证研究—以南城县乡（镇）为例［D］. 东华理工大学，2012：3-4.

[7] 刘文娜. 基于产业结构调整的皖江城市带土地利用分区研究［D］. 安徽师范大学，2012：3-7.

[8] 王洪飞. 全息掌握土地储备情况优化产业结构布局——以鹤山市土地储备管理系统为例［J］. 中国房地产，2019（04）：42-45.

[9] 刘刚. 区域产业结构调整与土地集约利用研究［J］. 工程建设与设计，2019（04）：31-32.

[10] 焦磊. 解读城市产业结构与土地资源利用关系［J］. 智库时代，2019（01）：45-46.

[11] 雷国胜，蔡芳. 土地财政对产业结构合理化、高度化影响的实证研究［J］. 工业技术经济，2019，38（02）：153-160.

[12] 成量，梁舒，王尚九. 欠发达城市产业结构与土地利用的协调性研究——以韶关市为例［J］. 安徽农业科学，2017，45（35）：226-228＋258.

[13] 吴瑶. 重庆市产业结构优化升级测度及实现路径研究［D］. 成都理工大学，2018：3-4.

[14] 朱晓霞，郝佳佳. 中国制造业产业升级路径选择研究——以长江经济带为例［J］. 科技进步与对策，2015（7）：69-73.

[15] 李玉琴. 湖南省产业结构优化与区域物流能力互动关系研究［D］. 湖南工业大学，2018：2-5.

[16] 胡春燕. 京津冀区域产业结构优化升级效果测度研究［D］. 首都经济贸易大学，2018：2-3.

[17] 李瑾. 农业产业结构调整与土地集约利用关系研究——以沁水县为例［J］. 华北国土资源，2013（06）：123-128.

[18] 闫红磊，孙鹏举，刘学录. 基于信息熵的兰州市土地利用结构和产业结构的关系［J］. 甘肃农业大学学报，2013，48（05）：130-136.

[19] 毕安平，杨云燕，唐令玉．南安市土地利用效率与产业结构升级［J］．内江师范学院学报，2013，28（10）：57-62.
[20] 郭志勇，顾乃华．制度变迁、土地财政与外延式城市扩张——一个解释我国城市化和产业结构虚高现象的新视角［J］．社会科学研究，2013（01）：8-14.
[21] 韩峰，王琢卓，杨海余．产业结构对城镇土地集约利用的影响研究［J］．资源科学，2013，35（02）：388-395.
[22] 兰代萍，谢贤健．沱江流域产业结构与土地利用结构的关系研究［J］．内江师范学院学报，2013，28（02）：43-47.
[23] 李秀霞，徐龙，江恩赐．产业结构与土地利用结构“同步”与“错位”的理论和实证研究——以吉林省四平市为例［J］．国土资源科技管理，2013，30（02）：1-7.
[24] 张秋月，严金明．东莞市双转型背景下产业结构与土地利用结构关系研究［J］．经济研究参考，2013（11）：65-69.
[25] 王太芳．产业结构高级化与城市土地集约利用关系的实证研究——以武汉市为例［J］．资源开发与市场，2013，29（07）：704-709.
[26] 王秀平，焦华富．煤炭资源型城市产业结构演进与土地利用结构变化关联分析——以淮南市为例［J］．国土与自然资源研究，2013（05）：11-13.
[27] 耿晓伟．西安市产业结构与土地利用结构关系研究［J］．地下水，2012，34（01）：173-175.
[28] 汪燕．皖江城市带土地集约利用与产业结构优化耦合研究［J］．安徽农业大学学报（社会科学版），2012，21（01）：11-14.
[29] 周显鹏，翟文侠，柯新利．土地利用结构演变对产业结构转型的有效性分析［J］．安徽农业科学，2012，40（14）：8315-8316.
[30] 徐秋艳．SPSS 统计分析方法及应用实验教程［M］．北京：中国水利水电出版社，100-107.
[31] 沈渊．SPSS17．0 统计分析及应用实验教程［M］．杭州：浙江大学出版社，132-148.
[32] 郑树峰，张柏，臧淑英，王宗明，宋开山，刘殿伟．黑龙江省大庆市产业结构对土地利用/土地覆被变化的影响［J］．资源科学，2007（06）：128-132.
[33] 曹广忠，袁飞，陶然．土地财政、产业结构演变与税收超常规增长——中国“税收增长之谜”的一个分析视角［J］．中国工业经济，2007（12）：13-21.
[34] 任艳敏，张加恭．广州产业结构优化与城市土地资源配置研究［J］．广东土地科学，2007（02）：40-44.
[35] 任艳敏，张加恭，张争胜．城市产业结构优化与土地资源配置研究——以广州市为例［J］．安徽农业科学，2007（18）：5640-5642.
[36] 苏梅．土地整理——调整农业产业结构的纽带［J］．国土资源，2006（02）：10-12.
[37] 王晓侠，张文新．双流县产业结构优化与土地资源优化配置研究［J］．安徽农业科学，2006（04）：760-761.
[38] 谢卫红，邓丽．四季飘香的红土地——云南陆良县大莫古镇产业结构调整纪实［J］．农村实用技术，2006（04）：14-15.
[39] 孙周佳．东北三省产业结构优化路径研究［D］．哈尔滨商业大学，2018：2-3.

［40］王宇，欧名豪．经济较发达区农业产业结构调整与土地利用变化研究——以南通市为例［J］．华中农业大学学报（社会科学版），2006（03）：20-24.

［41］徐霞．论产业结构优化与城市土地资源集约利用［J］．安徽农业科学，2006（24）：6593-6594.

［42］徐梦洁，刘洋，孙雁，夏敏．南京市土地利用系统与产业结构的动态变化与关联［J］．国土与自然资源研究，2006（04）：25-27.

［43］顾湘，王铁成，曲福田．工业行业土地集约利用与产业结构调整研究——以江苏省为例［J］．中国土地科学，2006（06）：3-8.

［44］孔祥斌，张凤荣，李玉兰，姜广辉，颜国强，徐艳．区域土地利用与产业结构变化互动关系研究［J］．资源科学，2005（02）：59-64.

［45］陈燕．从产业结构优化来探析城市土地合理利用［J］．南京社会科学，2005（09）：35-39.

［46］陈淑云，曾龙．地方政府土地出让行为对产业结构升级影响分析——基于中国 281 个地级及以上城市的空间计量分析［J］．产业经济研究，2017（06）：89-102.

［47］张璋，周新旺．土地出让价格、政府补贴与产业结构升级［J］．财经科学，2017（12）：108-119.

［48］贾丹丹，冯忠江，高璇雨．产业结构优化与土地集约利用时空耦合分析——以京津冀为例［J］．西南师范大学学报（自然科学版），2018，43（01）：148-155.

［49］田桐羽，玉梅，苏虹．基于信息熵的产业结构与土地利用结构优化的相关性分析——以呼和浩特市为例［J］．安徽农业科学，2018，46（07）：6-9.

［50］尹倩倩，仇方道．淮海城市群土地集约利用与产业结构转型耦合时空格局［J］．云南地理环境研究，2018，30（02）：37-44 + 77.

［51］周彬，周彩．土地财政、产业结构与经济增长——基于 284 个地级以上城市数据的研究［J］．经济学家，2018（05）：39-49.

［52］周营，张游．博罗县土地利用结构与产业结构耦合协调关系［J］．资源与产业，2018，20（02）：59-64.

［53］杨文韬，孔晓婷，朱晟君．土地财政对产业结构升级的影响研究［J］．金融发展研究，2018（05）：44-49.

［54］张世云．农民收入与土地、产业结构、劳动力变化关系的统计分析——以全国农村固定观察点湖州市永丰村为例［J］．统计科学与实践，2018（04）：11-15.

［55］范建双，周琳，虞晓芬．产业结构演进、城镇化质量与土地集约利用之间的关系及其时空演变特征［J］．地域研究与开发，2018，37（04）：19-24.

［56］胡涛，张安明，杨庆媛，杨人豪．重庆市产业结构与土地经济密度的关联协调研究［J］．水土保持研究，2018，25（05）：250-256.

［57］吴永娇，郑建明，董锁成，李珏．城市产业结构竞争效应对土地集约利用影响研究——以广西柳州、来宾市为例［J］．国土资源科技管理，2018，35（04）：39-51.

［58］关江华，张雪冰．县域土地利用结构与产业结构调整耦合机制研究——以黄冈市为例［J］．黄冈师范学院学报，2018，38（04）：104-108.

［59］梅林，席强敏．土地价格、产业结构与城市效率——基于中国城市面板数据的经验分析［J］．经济科学，2018（04）：61-74.

[60] 李梅，郭少雅，李竟涵．农业如何兴旺：产业结构调优，土地经营放活［J］．中国果业信息，2018，35（04）：3.

[61] 闫庆．乌鲁木齐市产业结构与土地经济密度的关联协调研究［J］．西部大开发（土地开发工程研究），2018，3（10）：1-8 + 20.

[62] 王淇，王家宝．辽宁省土地利用效率对产业结构的影响分析［J］．辽宁经济职业技术学院．辽宁经济管理干部学院学报，2018（04）：7-10.

[63] 陶长琪，刘振．土地财政能否促进产业结构趋于合理——来自我国省级面板数据的实证［J］．财贸研究，2017，28（02）：54-63.

[64] 刘平辉，郝晋珉．土地利用分类系统的新模式——依据土地利用的产业结构而进行划分的探讨［J］．中国土地科学，2003（01）：16-26.

[65] 王鹏，黄贤金，张兆干，杨肇卫．生态脆弱地区农业产业结构调整与农户土地利用变化研究——以江西省上饶县为例［J］．南京大学学报（自然科学版），2003（06）：814-821.

[66] 王鹏，黄贤金，杨肇卫．区域农业产业结构调整与土地利用变化研究——以江西省上饶县为例［J］．衡阳师范学院学报（自然科学），2003（06）：73-79.

[67] 张荣群，林培，许嗥．农业产业结构调整下的村级土地持续利用规划编制的理论与方法研究［J］．华中农业大学学报（社会科学版），2003（03）：49-52.

[68] 贺万华．让土地长出"钞票"来——江西坡镇产业结构调整见闻［J］．农村经济与技术，2002（04）：12-13.

[69] 黄贤金，彭补拙，张建新，濮励杰．区域产业结构调整与土地可持续利用关系研究［J］．经济地理，2002（04）：425-429.

[70] 蒋贵国，张静．城市中心城区产业结构调整与土地利用演变［J］．成都理工学院学报，2000（S1）：89-91.

[71] 张辉，邱尚文，赵金芸．土地制度改革应关怀产业结构调整［J］．发展，1997（04）：25-26.

[72] 刘庆余．强化土地集约利用，推动文化产业结构优化升级［J］．国土与自然资源研究，2017（03）：11-12.

[73] 何好俊，彭冲．城市产业结构与土地利用效率的时空演变及交互影响［J］．地理研究，2017，36（07）：1271-1282.

[74] 梁流涛，翟彬，樊鹏飞．经济聚集与产业结构对城市土地利用效率的影响［J］．地域研究与开发，2017，36（03）：113-117.

[75] 李勇刚，罗海艳．土地资源错配阻碍了产业结构升级吗？——来自中国 35 个大中城市的经验证据［J］．财经研究，2017，43（09）：110-121.

[76] 李雪梅，张庆．天津市土地集约利用与产业结构高级化关系探讨［J］．资源开发与市场，2017，33（09）：1058-1062 + 1083.

[77] 严超，张安明，石仁蓉，刘燕．重庆市土地利用结构与产业结构耦合协调发展评价［J］．西南师范大学学报（自然科学版），2015，40（07）：158-164.

[78] 李志翠，徐波，卞亚斌．城市化、土地价格与产业结构调整——基于面板 VAR 模型的研究［J］．城市发展研究，2015，22（06）：12-18.

[79] 张志成．厦门市土地利用与产业结构关联分析［J］．安徽农业科学，2015，43（19）：

288-290.
[80] 国亮，王一笑．土地财政对我国产业结构升级的影响——基于产业间税种差异和土地财政的视角 [J]．江西社会科学，2015，35（08）：33-40.
[81] 李勇刚，王猛．土地财政与产业结构服务化——一个解释产业结构服务化“中国悖论”的新视角 [J]．财经研究，2015，41（09）：29-41.
[82] 白雪，文景瑜．东莞市产业结构与土地利用结构的相关性研究 [J]．特区经济，2014（01）：48-50.
[83] 白云飞．城镇化演进的内在逻辑——基于产业结构变迁及土地流转角度 [J]．安徽行政学院学报，2014，5（01）：45-50.
[84] 张乐勤，陈素平，陈保平，陈发奎．1996~2011 年安徽省产业结构演进对城镇土地集约利用影响测度与分析 [J]．地理科学，2014，34（09）：1117-1124.
[85] 吴健．产业结构调整和土地流转农业产业合作社形式 [J]．农民致富之友，2014（10）：23.
[86] 王剑锋，孙琦，郭红玉．内生性土地财政扩张与产业结构失衡 [J]．公共管理与政策评论，2014，3（01）：43-51.
[87] 吴洁银，魏荣暖，黄国强．南宁市土地利用结构与产业结构相互关系探讨 [J]．南方国土资源，2014（08）：47-49.
[88] 杨泽军．调整产业结构盘活土地资源积极拓展农场新的经济增长点 [J]．中国农垦，2014（11）：63-64.
[89] 孙克竞．地方土地财政转型、产业结构优化与土地出让制度变革 [J]．经济管理，2014，36（02）：10-22.
[90] 刘雯彧，卢志冉，宋珍，刘云，杨帆，何格．成都“1 + 7”经济区土地集约节约利用现状和产业结构调整潜力评价研究 [J]．中国农学通报，2012，28（14）：144-149.
[91] 廖永林，雷爱先，张帆．土地政策助力国家产业结构调整——最新限制和禁止用地项目目录解读 [J]．国土资源通讯，2012（14）：30-32.
[92] 郑擎．宁波市土地资源配置与产业结构调整关系研究 [J]．商场现代化，2012（22）：168-170.
[93] 汪建，朱少云．土地集约利用、资产增值与产业结构优化——基于 DEA 方法的实证研究 [J]．建筑经济，2012（11）：97-100.
[94] 马安胜，李诚固，刘双良．城市产业结构与土地利用耦合关系研究——以沈阳市为例 [J]．山西财经大学学报，2012，34（S4）：29-30 + 33.
[95] 廖永林，雷爱先，张帆．土地政策助力国家产业结构调整——最新限制和禁止用地项目目录解读 [J]．南方国土资源，2012（11）：18-25.
[96] 孙春明．绿洲地区产业结构与土地利用的互动关系研究——以张掖市为例 [J]．世纪桥，2011（03）：64-65.
[97] 张杰．土地政策促进产业结构调整的经济学分析 [J]．山东经济，2011，27（02）：28-33.
[98] 张晓芳，陈龙乾，张晓冬．基于土地集约节约利用视角的产业结构优化研究 [J]．江苏广播电视大学学报，2011，22（02）：67-69 + 73.
[99] 孟媛，张凤荣，姜广辉，陈铁森．北京市产业结构与土地利用结构的关系研究 [J]．地

域研究与开发，2011，30（03）：108-111 + 139.
[100] 冯建美，陈龙乾，宋昕．“包容性增长”对我国产业结构调整与土地利用优化的启示［J］．安徽农学通报（下半月刊），2011，17（10）：1-2 + 11.
[101] 顾湘．产业结构演进对土地利用的影响研究［J］．安徽农业科学，2011，39（18）：11186-11188 + 11227.
[102] 丁兆君．辽宁省城市土地利用评价与产业结构调整［J］．理论界，2011（08）：35-36.
[103] 秦毓军，胡宝清．广西产业结构优化与土地资源配置研究［J］．市场论坛，2011（09）：11-14.
[104] 马贵发，李建．以土地流转推进产业结构调整的思考［J］．云南农业，2011（10）：49-50.
[105] 陈志勇，陈莉莉．财政体制变迁、“土地财政”与产业结构调整［J］．财政研究，2011（11）：7-11.
[106] 张翼，何有良．土地流转对农村产业结构调整和优化的影响［J］．北方经济，2010（03）：31-32.
[107] 孙炜，吕月珍，吴宇哲．产业结构调整对土地利用效益变化的驱动分析——以丽水市为例［J］．学理论，2010（09）：26-29.
[108] 李培祥．城市土地利用结构转换与产业结构演变关系分析——以广东城市为例［J］．资源与产业，2010，12（02）：140-144.
[109] 李冠，童新华，张亮．南宁市产业结构调整与土地利用结构变化关系研究［J］．江西农业学报，2010，22（07）：152-155 + 160.
[110] 豆建民，汪增洋．经济集聚、产业结构与城市土地产出率——基于我国 234 个地级城市 1999-2006 年面板数据的实证研究［J］．财经研究，2010，36（10）：26-36.
[111] 夏艳婷，翟宁．城市空间结构优化研究综述——基于产业结构与土地利用结构关系的视角［J］．沿海企业与科技，2010（08）：45-48.
[112] 刘富刚．测度产业结构和土地利用关系的方法探讨［J］．农业系统科学与综合研究，2010，26（04）：453-457.
[113] 李冠，童新华，张亮．南宁市产业结构调整与土地利用结构变化相互关系研究［J］．广东土地科学，2010，9（04）：27-32.
[114] 顾湘，曲福田，付光辉．中国土地利用比较优势与区域产业结构调整［J］．中国土地科学，2009，23（07）：61-65.
[115] 强培，张平，郑垂勇．合理利用土地资源加快产业结构升级［J］．群众，2009（09）：39-40.
[116] 彭快先．土地资源调控与产业结构优化——以浙江省为例［J］．浙江经济，2009（20）：44-45.
[117] 叶延琼，秦钟，章家恩，肖红生．梅州市产业结构优化与土地资源配置研究［J］．安徽农业科学，2008，36（34）：15174-15176.
[118] 李睿璞，马才学．长沙市产业结构优化与土地利用战略研究［J］．国土资源科技管理，2008（01）：57-60.
[119] 卢为民．土地政策促进产业结构调整的路径分析［J］．上海经济研究，2008（03）：

43-46 + 71.
[120] 强培．江苏产业结构与土地利用结构优化研究［J］．现代管理科学，2008（07）：74-76.
[121] 陈丽红，石培基．兰州市产业结构与土地利用结构的相关性研究［J］．国土与自然资源研究，2008（03）：22-24.
[122] 张宏，任海军．论城市土地经营与资源型城市产业结构的调整［J］．西北师大学报（社会科学版），2007（01）：115-118.
[123] 刘新平，罗桥顺．新疆产业结构优化对土地需求的影响分析［J］．国土资源科技管理，2007（02）：1-6.
[124] 陈琳．农业产业结构调整与土地资源优化配置策略［J］．科技信息（科学教研），2007（25）：588 + 580.
[125] 袁志刚，绍挺．土地制度与中国城市结构、产业结构选择［J］．经济学动态，2010（12）：28-35.
[126] 刘阳，董捷．武汉城市圈土地利用结构与产业结构特点分析［J］．国土资源科技管理，2010，27（03）：23-27.
[127] 潘孟，申莹，王素丽，朱斌．零星土地营造速生杨树在农村产业结构调整中的作用［J］．吉林农业，2010（08）：183-184.
[128] 李培祥．城市产业结构转换与土地利用结构演变互动机制分析［J］．安徽农业科学，2007（31）：10069-10070 + 10098.
[129] 丁忠义，郝晋珉，李新波，张富刚，侯湖平．农业产业结构调整中土地利用结构及其与粮食产量关系分析——以河北省曲周为例［J］．资源科学，2005（04）：95-99.
[130] 李秀霞，郑岩岩．吉林省四平城市化进程中人口变动与产业结构、土地利用变动关系研究［J］．人口学刊，2005（05）：40-45.
[131] 徐萍，吴群，刘勇，胡立兵．产业结构优化与土地资源配置——以江苏省南京市为分析对象［J］．中国土地，2004（Z1）：75-79.
[132] 刘平辉，郝晋珉，李旭霖，任浩，李芳芳，王秀芬．研究海淀区产业结构变化对土地资源利用的影响［J］．华东地质学院学报，2003（01）：5-9.
[133] 徐萍，吴群，刘勇，胡立兵．城市产业结构优化与土地资源优化配置研究——以南京市为例［J］．南京社会科学，2003（S2）：340-346.
[134] 金关标．浙江整治砖瓦窑保护土地资源加快墙材产业结构调整［J］．墙材革新与建筑节能，2003（12）：8-9.
[135] 肖岗．实施“土地重组”促进农业产业结构战略性调整［J］．西南金融，2003（07）：48-50.
[136] 符晓亮．红土地上闪现的新“红光”——红光农场调整产业结构之谈［J］．特区展望，2003（01）：28-27.
[137] 马曙光，齐默达．基于土地财政视角的产业结构优化与土地管理改革［J］．东北财经大学学报，2017（05）：78-83.
[138] 徐磊，陈恩，董捷．长中城市群产业结构优化与土地集约利用协调性测度［J］．城市问题，2017（11）：17-24.
[139] 李秋萍，陆汝成，卢婉君．龙州县土地利用结构与产业结构的关联研究［J］．科技和产

业，2015，15（12）：20-23.

［140］姚飞，陈龙乾，王秉义，郭玉琬，张婷，周天建．合肥市产业结构与土地经济密度的关联协调研究［J］．中国土地科学，2016，30（05）：53-61.

［141］范建双，虞晓芬．杭州市土地集约利用与产业结构演进的互动关系［J］．浙江工业大学学报（社会科学版），2016，15（03）：273-280.

［142］江卉．芜湖市产业结构升级和土地利用结构优化研究［J］．商，2016（31）：280-281.

［143］谭锐，韩永辉，黄亮雄．城市产业结构、住房形态与土地政策:一个一般均衡模型［J］．经济评论，2016（06）：38-54.

［144］陈浩，魏哲海．地方政府土地经营与产业结构升级——基于中国281个地级市数据的实证分析［J］．产经评论，2016，7（05）：18-29.

［145］周健．张掖市产业结构与土地利用的互动关系分析［J］．河南科学，2014，32（07）：1364-1366.

［146］肖国荣．经济增长、产业结构和城镇化对土地价格影响的实证研究［J］．价格理论与实践，2014（10）：42-44.

［147］彭昱．城市化过程中的土地资本化与产业结构转型［J］．财经问题研究，2014（08）：40-45.

［148］陈多长，李小敏．工业化、城市化及产业结构演进对土地财政依赖的影响——基于内地城市与香港比较的视角［J］．浙江工业大学学报（社会科学版），2014，13（04）：368-374.

［149］夏方舟，李洋宇，严金明．产业结构视角下土地财政对经济增长的作用机制——基于城市动态面板数据的系统GMM分析［J］．经济地理，2014，34（12）：85-92.

［150］邓翔，朱高峰，路征．土地供应、产业结构与城镇化的关系——基于中国31个省级行政区的实证分析［J］．城市与环境研究，2014，1（02）：25-35.

［151］吴本健，申正茂，马九杰．政府背书下的土地信托、权能配置与农业产业结构调整——来自福建S县的证据［J］．华南师范大学学报（社会科学版），2015（01）：132-138＋191.

［152］孟梅，蒲春玲．新疆农业产业结构调整与土地生态系统的协调关系测评［J］．广东农业科学，2015，42（08）：147-152.

［153］天津市统计局、国家统计局天津调查总队．天津统计年鉴（2012-2017）［M］．北京：中国统计出版社，2012-2017

［154］David Romer. Keynesian Macroeconomics without the LM Curve［J］. NBER working paper, 2000 (1) : 56-97.

［155］Azadegan A, Wagber S M. Industrial upgrading, exploitative innovations and explorative innovations［J］. International Journal of Production Economics, 2011 (1) : 54-65.

［156］Eichengreen, Barry, Donghyun Park, Kwanho Shin. When Fast-Growing Economies Slow Down: International Evidence and Implications for China［J］. Asian Economic Papers, 2012 (1) : 42-87.

［157］Du Wen-zhong, Bernard Jr. , Prosper, Plaisent, Michel, Ming-Hsun (James) Chiang. Study on Evolution Law and Optimization of Regional Industrial Structure Based on Theory of

Stochastic Processes [J]. International Journal of Global Business, 2013 (1) : 91-114.

[158] Nesta L, Vona F, Nicolli F. Environmental policies, competition and innovation in renewable energy [J]. Journal of Environmental Economics & Management, 2014 (3) : 396-411.

[159] Desmet K, Rossi-Hansberg E. Spatial Development [J]. American Economic Review, 2014 (4) : 1211-1243.

[160] FAO. FESLM. An international framework for evaluation sustainable land management [R]. Rom a: FAO, 1993.

[161] Smith N, Dennis W . The restructuring of geograical scale: coalescence and fragmentation of the northern coreregion [J] . Economic geography, 1987, 63: 160-182.

[162] Stark R . A hidden treasure map: highest and best use analysis [J] . ASA valuation , 1988 (33) : 24-29.

[163] Jeffrey M . Comparison of the structure and accuraey of two land change models [J] . International joural of geographical information science, 2005 (2) : 243-265.

[164] Ralf Vogelsang, Karl Peter Wendt. Reconstructing prehistoric settlement models and land use patterns on Mt. Damota/SW Ethiopia [J]. Quaternary International, 2018 (8) : 140-149.

[165] López-Angarita, Juliana, Tilley, Alexander, Hawkins, Julie P, etc. Land use patterns and influences of protected areas on mangroves of the eastern tropical Pacific [J]. Biological Conservation, 2018 (8) : 82-91.

[166] Dias LC, Pimenta FM, Santos AB, etc. Patterns of land use, extensification, and intensification of Brazilian agriculture [J]. Global Change Biology, 2016 (8) : 2887-2903.